내가 정말 미치도록 싫어질 때

원인 모를 감정으로
엉망이 되어가는

당신을 위한 13번의 심리 상담

내가
정말
미치
도록
싫어
질때

심리상담학 박사
강지윤 지음

지식너머

우리는 누구나
결핍을 안고 살아갑니다

누구에게나 크고 작은 결핍이 있습니다.

돈, 인기, 명예, 인정 등 각자 채우고 싶은 결핍이 있고 그
것을 얻고자 하는 욕망도 있습니다. 우리는 그 욕망이 지시하는
대로 각자의 삶을 살아갑니다. 얼핏 보면 우리는 결핍으로 살아
가는 것인지도 모릅니다.

결핍 중에 가장 치명적인 것은 사랑의 결핍이 아닐까 싶습
니다. 세상에 사랑이 충분했던 적이 있을까요. 혹은 누군들 진
정한 사랑에 싫증난 적이 있었을까요? 쉽게 변하는 남녀의 사
랑마저 늘 부족하고 아쉽습니다. 과거에도 지금도 앞으로도 많
은 사람들은 사랑을 믿고 간절히 바랄 것입니다.

그렇다면 '나'는 언제부터 사랑에 목마른 존재가 되었을까요? 아마도 내가 만들어지고 세상에 태어나는 순간부터일 것입니다. 당시 나를 양육하는 사람은 나의 세상이었습니다. 영원하고 지속적이며 충분하고 온전한, 광활한 사랑을 주어야 할 우주였습니다. 그러나 대부분의 나는 그런 사랑을 받지 못했습니다. 그것이 설사 오래 전 일이라 해도 사랑받지 못한 기억은 여전히 내 안에 있습니다. 사랑이 결핍된 마음을 안은 채 나는 친구들을 만나고, 학교에 가거나 회사를 다니고, 가정을 꾸리고, 아이들을 낳아 키웁니다. 그 많은 관계에서 애정결핍은 크고 작은 골을 만듭니다. 끊임없이 관계를 좀먹으면서 말입니다.

'왜 나는 사랑을 받고 자라지 못했을까?'

누군가를 비난할 필요는 없습니다. 특히나 내게는 아무런 잘못도 없습니다. 나를 사랑해주었어야 할 우주는 나만큼이나 완벽하지 못했으니까요. 우주 역시 온전한 사랑을 받지 못했을 가능성이 큽니다. 우주를 되돌릴 수 없다는 것을 알게 된 순간 우리는 다른 선택을 할 수 있습니다.

내 안에 있는 결핍을 확인하고 그 내면을 알아주세요. 나조차도 스스로의 마음을 외면하며 살고 있지는 않은가 돌아볼 일입니다. 혹은 누군가가 잘못된 나의 삶을 송두리째 바꿔주기를 바라고 있지는 않은가 점검해야 합니다. 나를 사랑해야 할 존재는 우주도 타인도 아닌 자신입니다. 애정결핍은 불치의 병이 아닙니다. 마음을 들여다보고 위로하고 치유할 힘이 내 안에 있다는 것을 기억하세요. 이 진실이, 타인으로부터 끝없이 인정받아야 하는 세상에서 나를 자유롭게 할 수 있습니다.

사랑이 충만한 세상은 어떤 모습일까요? 분노도 슬픔도 우울도 불안도 살인도 자살도 없을 것입니다. 최소한 나는 그런 세상이라 믿습니다. 또한 나는 부정적인 감정과 사건들로부터 안녕하고 사랑이 충만한 세상에 살고 싶습니다.

여기 애정결핍으로 인해 삶의 다양한 어려움을 겪고 있는 13명의 그와 그녀가 있습니다. 누구로부터도 온전한 사랑을 받지 못한 그들은 애정결핍으로 삶의 주도권마저 빼앗기고 말았습니다. 때때로 이들이 내비치는 완벽주의(타인에게 완벽한 사람으로 비치고 싶은 열망)는 무너진 내면의 반증일 뿐입니다. 세상으로부터 자유롭지 못한 삶의 태도는 고장 난 관계를 만듭니다. 고장 난 관계는 또 다른 애정의 결핍을 불러 악순환의 고리를 강화시킵니다. 이러한 그와 그녀의 모습은 나의 모습과 그리고 주변에서 흔히 볼 수 있는 누군가의 모습과 닮아 있습니다. 특별하지 않은 우리 모습들이 조금씩 스며들어 있습니다.

완벽한 사람이 되지 않아도 괜찮다는 믿음, 나에 대한 신뢰 그것은 우리가 가져야 하는 21세기형 용기입니다. 용기는 스스로를 존중할 수 있는 자유를 가져다줍니다. 그와 그녀, 13명의 인생을 읽으며 위로 받고 회복되기를 간절히 바랍니다.

우리는 누구나 결핍을 안고 살아갑니다. 다음 선택은 나 그리고 당신의 몫입니다.

저자 강지윤

열등감

0

1

**다들
나를
깎아내려요**

서윤은 34살의 유능한 그래픽 디자이너다. 뛰어난 실력과 성실함으로 인정도 받고 있다. 그런데 서윤은 사람들 틈에 있으면 늘 소외당하는 기분이 든다. 특히 동료들과의 대화는 늘 편치 않다. 자신을 향해 은근히 독설을 날리는 여직원 지희만 생각하면 마음이 곱절로 무거워진다.

지희는 내성적인 성격의 서윤과는 달리 주위 사람들과 잘 어울리는 활발한 성격이다. 점심시간이나 회식 때면 분위기를 주도해 주변 사람들을 웃게 만든다. 그러나 때때로 그 말에 서윤은 상처를 입는다. 지희의 잦은 지적에 신경이 곤두설 때도 있다.

"서윤 씨, 그 바지, 홈쇼핑에서 산 거죠? 나도 똑같은 거 샀는데, 옷감도 별로 안 좋고 핏이 안 살아서 그냥 버렸어요. 서윤 씨는 괜찮나봐, 좋겠다. 난 옷값으로 진짜 많이 깨지는데."

다들 그냥 웃어넘기는 분위기 때문에 서윤은 뭐라 대꾸도 하지 못하고 돌아섰지만 퇴근길 내내 입고 있는 바지가 창피해 어쩔 줄 몰랐다.

'서윤 씨는 괜찮나봐, 좋겠다.'

서윤은 지희의 말을 수없이 곱씹었다.

'내일은 또 뭘 입고 가지….'

지희는 하루에 한 번씩 서윤의 화장이나 옷차림에 대한 지적을 한다. 그러나 지희에게 아무 말도 하지 못하는 서윤은 답답할 뿐이다.

'내일은 뭘 갖고 놀릴까? 그럼 뭐라고 하지? 대체 왜 나한테 맨날 그러는 거야? 그런데도 왜 난 아무 말도 할 수 없는 거지? 남들은 잘만 받아치던데….'

서윤은 퇴근길 버스 안에서 입술을 잘근잘근 씹었다.

●

서윤은 대체로 말이 없었다. 주변 사람들에게 서윤은 무슨 생각을 하는지 알 수 없는 사람으로 비치곤 했다. 남들이 서윤에 대해 그런 느낌을 받는다는 것을 서윤도 알고 있었지만 달리 방법이 없었다.

'나는 그냥 이런 사람이니까…'

서윤은 자신의 소심함을 탓했다. 어떤 날은 참기가 힘들지만 사회생활이 다 그런 거라고 넘기고 만다.

주말이 되면 서윤은 아예 핸드폰을 꺼놓고 하루 종일 잠만 잤다. 그 시간만이라도 모든 자극을 차단하고 싶었다. 그런데 누워 있는 시간에도 일주일 동안 자신을 향해 날아왔던 말들이 머릿속을 뱅뱅 돌며 서윤을 괴롭혔다.

'아무 의미 없이 지껄인 말일 뿐인데, 이렇게까지 스트레스를 받는 내가 한심하다.'

'사랑받고 자란 사람은 티가 난다던데… 내가 사람들에게 사랑을 전혀 받지 못한 사람이라 이런가….'

어릴 적 생각이 떠오른 서윤은 혼자인 것이 외롭고 슬퍼졌다. 모든 게 자신의 잘못처럼 느껴졌다.

'애초에 사랑받을 자격이 없는 사람이었던 걸까….'

꼬리에 꼬리를 무는 생각들로 잠조차 제대로 잘 수 없었다.

●

서윤은 초등학교와 중학교 때 왕따를 심하게 당했다. 학교에서 큰 문제를 일으키지 않고, 고등학교 때 부모님을 설득해 다른 동네로 이사를 갔다. 다행히 고등학교 때는 친구를 사귀었고 반 친구들과도 잘 지냈다.

그런데 이상하게 시간이 지날수록 서윤의 마음속에서는 불안이 올라왔다.

'지금 내 앞에서 웃고 있는 친구들이 뒤돌아서는 순간 나에 대해 험담하고 돌아다니면 어떻게 하지….'

서윤은 초등학교와 중학교 때를 떠올렸다. 늘 그런 식이었다. 때문에 처음에는 자신이 왕따를 당하는 줄도 모르고 있었다. 그러다 한참 후 영악한 아이들에게 이용만 당했다는 것을 깨닫고 치를 떨었다.

그때와 지금은 다르고 반 친구들도 착하다고, 아무리 머리로 스스로를 이해시키려 해보아도 마음은 늘 불안과 공포에 휩싸였다. 조금만 실수를 해도 아이들이 수군거릴 것 같아 가슴이 두근거렸다.

"엄마 저 학교 그만 다니고 싶어요."

친구들은 물론 부모님, 담임 선생님까지 깜짝 놀라며 서윤을 말렸지만 소용이 없었다. 서윤은 1학기가 끝나자마자 자퇴서를 제출했다. 왕따 피해가 반복되기 전에 학교를 떠나야겠다는 생각뿐이었다. 서윤의 사고는 두려움 때문에 마비돼 버린 것 같았다.

이후 서윤은 검정고시와 수능으로 서울에 있는 중위권 대학에 입학했다. 하지만, 그날의 상처는 고스란히 남았다. 대학과 직장은 고등학교보다 더 크고 넓은 세상이었지만, 자신은 여전히 소심하고 불안한 여고생으로 남아 있다는 생각이 들었다.

●

"왜 이렇게 경계심이 많아? 알고 보면 다 나름 괜찮은 사람들이야. 다른 사람에게 열등감을 느끼는 건 자존감이 낮아서 그런 거래. 요즘 자존감 높이는 방법을 알려주는 책 많던데 한 번 읽어 봐."

대학친구 지우는 왕따 경험과 인간관계의 어려움에 대해 토로하는 서윤에게 가볍게 조언을 해주었다. 서윤이 열등감이 심해 다른 사람들을 일부러 깎아내리는 거라 말했다. 좋은 뜻에서 잘못된 생각을 짚어주고 고치라고 해준 말이지만, 서윤은 또 다시 깊은 상처를 받았다. 서윤은 열등감이 고쳐서 될 문제인가 곱씹어 보았다.

'남에게 열등감을 느끼는 게 아니라 남들과 있는 게 버겁고 힘들어서 피하고 싶었을 것뿐인데….'

실제로 서윤에게 타인들로 가득 찬 세상은 낯설고 험한 곳이었다. 그런 현실이 너무 두려웠다.

●

"전 정말 자존감이 낮은 것 같아요. 다른 사람이 기분 나쁜 말을 해도 유연하게 대처하지 못하고 그 말을 생각하고 또 생각해요. 어떻게 하면 열등감을 내려놓을 수 있을까요? 제가 사랑받지 못하고 자라서 그런 걸까요?"

TV에서 나온 심리학 강의를 들은 서윤은 자신의 열등감을 해소해야 한다는 생각으로 상담실을 찾았다.

"열등감 때문에 대인 기피증에 걸리고, 공황장애까지 겪을 수 있다"는 심리상담 전문가의 이야기에 마음이 요동쳤다. 이미 오래 전부터 사람에 치이고 갈등을 빚는 현실에서 벗어나고 싶다는 생각을 해왔다. 오직 자신만이 피해자라는 생각도 떨쳐 버릴 수 없었다. 당연히 사람이 좋지 않았다.

"열등감, 다른 표현으로 낮은 자존감은 오랜 시간에 걸쳐 조금씩 회복될 수 있어요. 자신에 대한 이해와 기다림이 필요한 일이지요. 비난받아야 하는 문제는 아니에요. 자존감이 낮은 것도, 충분한 사랑을 받고 자라지 못한 것도 서윤 씨 잘못이 아니니까요."

서윤은 궁금했다. 작은 갈등에도 쉽게 좌절하고 상황을 회피하려고 하는 것이 정말 열등감 때문일까? 그렇다면 열등감의 원인은 뭘까? 자신에게 어떤 부분이 잘못되었는지 곰곰이 생각해보았다.

"어린 시절 부모님은 맞벌이를 하셨는데 사랑과 관심이 많은 분은 아니셨어요."

서윤에게 부모님에 대한 따뜻한 기억과 감정은 남아있지

않았다. 부모님은 늘 일로 바빴고 학교생활에서 필요한 준비물조차 챙겨줄 여력이 없었다. 크레파스나 색연필을 갖고 오지 않아 놀림을 받아도 집에 가서는 엄마에게 투정조차 부릴 수 없었다. 언니, 오빠들도 자신의 것을 알아서 하는 분위기에서 그것은 당연한 일처럼 보였다. 어린 서윤도 가정 분위기에 익숙해질 수밖에 없었다.

"부모님은 최선을 다해 돈을 벌어서 자식들을 키우셨어요. 지금까지도 그게 다라고 생각했는데….."

서윤은 왈칵 눈물을 쏟았다. 사랑받고 싶은 기본적인 욕구와 감정이 철저히 무시되었음을 비로소 깨달았다. 자신에게 관심을 좀 가져달라고 떼쓰지 못한 어린 시절이 마냥 서럽게 느껴졌다. 부모님에 대한 원망과 자기 연민이 밀물처럼 밀려들었다. 광활한 슬픔의 바다에 잠겨 자신을 잃어버릴 것 같은 불안도 엄습해왔다.

내 안에 자라지 못한 아이가 있는지 돌아보아요

누구든 어느 정도 서윤 씨와 같은 대인관계의 문제를 겪습니다. 어떤 사람은 크게 느끼고, 어떤 사람은 작게 느끼는 정도의 차이가 있을 뿐입니다. 때로는 상처를 받고 때로는 상처를 주면서 말이죠.

먼저 서윤 씨의 동료 지희 씨를 살펴볼까요?

남을 자꾸 깎아내리는 심리에는 자신의 열등감을 커버하려는 동기가 숨어 있습니다. 다른 사람을 깎아내리면서 자신의 열등감을 조금씩 채우는 것이지요. 대상이 없는 자리에서 그 사람의 험담을 조잘조잘 해대는 것 역시 험담의 대상보다 자신이 더 낫다는 것을 자신과 다른 사람에게 각인시키려는 행동입니다. 미성숙한 동기에서 이런 얄팍한 행동이 나오는 것입니다.

이런 동기를 인식하지 못하면, 다른 사람을 험담하면서 때로 후련해지는 기분이 들기도 합니다. 하지만, 집에 와서 혼자 있을 때는 자신이 너무 못나게 생각되고 후회와 죄책감이 밀려오기도 합니다. 사실 서윤 씨의 동료 지희 씨도 자신의 열등감 때문에 그런 빈정거림을 의미 없이 반복하는 것입니다. 자신보다 더 예쁘고 괜찮아 보이는 서윤 씨를 깎아내리면서 자신을 높이려고 하는 잔인한 심리가 들어 있는 것입니다.

그런데 이러한 행동은 사실 의식적이라기보다는 무의식의 영역에서 시작될 때가 많습니다. 우리는 대부분 무의식적 동기에서 뭔가를 말하고, 행동하고, 표정을 짓습니다. 그래서 습관적으로 남을 폄하하는 말을 아무런 가책 없이 합니다. 이런 '무의식적 습관'이 반복되는 것은 어렸을 때 충분한 인정과 사랑을 받지 못했기 때문이기도 합니다. 애정결핍의 상흔이 작은 악마의 말이 되어 튀어나오는 것입니다.

그렇다면 이 작은 악마를 어떻게 사라지게 할 수 있을까요? 자신의 무의식적인 행동을 의식하는 것이 첫 번째 과제입니다. 의식하고, 조절하는 과정을 거치면, 대부분의 습관들은 교정됩니다. 의식을 통해 무의식적인 행동들은 개선되고 점점 사라집니다.

다음으로 서윤 씨의 내면에 집중해 보겠습니다.

10대에는 누구나 성장기의 진통을 경험합니다. 10대의 터

널은 때로 길고 어둡습니다. 하지만 사춘기에 성장통을 자연스럽게 해결하면 성인이 된 이후에는 이러한 문제들로부터 좀 더 자유로울 수 있습니다. 그러나 대부분의 사람들은 아동기, 청소년기, 청년기를 지나는 동안 자신의 상처와 감정을 다룰 기회를 갖지 못합니다. 거기에 부모, 친구, 선생님과의 갈등을 경험하고, 이를 해소하지 못하면 깊은 상처가 덧대어집니다. 속으로만 아파하고 아무한테도 이야기하지 못한 채 품고 지내가다 어느 순간에 다른 형태로 문제가 불거집니다.

좀 더 깊숙이 들어가 보겠습니다. 서윤 씨는 그간 자신의 어린 시절을 돌아보지 못하고 살았습니다. 10대의 왕따 경험이 가장 큰 상처인 줄 알았습니다. 그런데 그 이전에 서윤 씨에게는 채워지지 않은 근본적인 결핍이 있었습니다. 바로 부모님으로부터 충분한 사랑이 부족했던 것입니다.

대부분의 사람들은 완벽한 양육자를 만나지 못합니다. 완벽한 양육자란, 아기가 자라가는 발달단계별로 필수적인 사랑과 돌봄과 관심을 충분히 건강하게 제공해주는 보호자입니다. 하지만 대부분의 양육자는 양육에 대한 교육을 받지 못한 채 부모가 됩니다. 가장 흔한 양육의 방식은 자신의 부모가 자신을 키운 것처럼 자녀를 키우는 것입니다. 그렇게 결핍이 재생산됩니다.

부모가 바빠서 돌볼 시간이 매우 부족하면 아이에게는 결핍이 생깁니다. 이 결핍이 때론 평생 아이의 발목을 잡기도 합니다. '애정결핍'이라고 부르게 되는 이 결핍은 우리가 살아가는 내내 뭔가에 허덕이게 만들고, 아프게 만들고, 슬프고 외롭게 만듭니다. 고통의 뿌리와 같은 존재입니다.

애정결핍이 생길 때 아이는 성장을 멈추게 됩니다. 더 이상 자라지 못한 채 계속 칭얼거리면서 보채게 됩니다. 이 칭얼거림은 여러 상황에서 드러납니다. 학교에서는 왕따 문제를 일으킵니다. 사회로 나가면 직장 내에서 갖가지 상처를 주고받는 형태를 띠게 됩니다. 누군가에게 자신의 칭얼거림을 반복하면서 상처를 주면 조금 후련해지는 것 같다가도 과정이 반복되면 결국 자신이 초라해지고 미성숙하다는 느낌을 받게 됩니다. 결혼 생활에서도 아이의 칭얼거림은 계속됩니다.

예를 들어, 힘들게 차려놓은 밥상을 보며 "겨우 이 정도밖에 못해? 맛이 하나도 없잖아…"라고 말하게 하는 것입니다. 다시 상대는 "당신은 나를 사랑하지 않아. 말을 그렇게밖에 못해?"라고 말합니다. 부드럽게 이야기해도 될 것을 빈정거리거나 까칠하게 말하는 것은 내면의 어린아이가 무의식적으로 칭얼거리는 것입니다. 상대의 말에 깊이 상처를 입고 스스로를 괴롭히는 열등감도 내면의 어린아이가 고통을 호소하는 과정입니다.

내면의 모든 문제를 해결해주는 만능열쇠로 이야기되는 '자존감'의 바탕에는 충분한 사랑을 받은 경험이 자리하고 있습니다. 자존감을 만드는 재료가 '애착'이기 때문에, 애착이 잘 형성되지 않은 사람은 자존감이 낮을 수밖에 없습니다.

내 안의 아직 다 자라지 못한 아이의 칭얼거림을 멈추기 위해서는 사랑이 필요합니다. 애착은 인간이 태어나는 순간부터 형성되는 가장 원초적이고 핵심적인 정서입니다. 아이의 칭얼거림을 인식하고 치유하는 길 외에는 방법이 없습니다. 그리고 내가 왜 그렇게 사람들에게 말을 하는지, 혹은 나는 왜 사람들의 말 한마디에 이토록 상처를 심하게 받는지를 고민하며 열등감의 원인을 확인하는 과정이 필요합니다. 이후 한 걸음씩 치유와 회복과 성장으로 나아가야 합니다. 무의식을 의식화하면서 내 안의 아이의 목소리에 귀를 기울이는 일, 그것은 치유와 성장의 첫 번째 과제입니다.

자존감의
뿌리는
애착이다

애착에 대한 정신의학적 이론이 만들어진 것은 영국의 정신
과 의사이자 심리치료사인 존 볼비John Bowlby에 의해서다. 그는
1930년대 히스테리 어린이의 성장배경에서 애착 문제가 발견되
는 것을 확인하고 인간 정서에 애착이 어떤 영향을 미치는지 연
구하였다.

　애착이란 생애초기 한 개인이 자신에게 가장 중요하다고
생각되는 사람에게 느끼는 강하고 지속적인 정서적 유대관계를
뜻한다. 정서적 관계는 어린 시절 자신을 길러주었던 주 양육자
의 친밀한 보살핌의 경험을 통해 형성되는데, 유아기 때 형성된
애착은 전 생애에 걸쳐 지속되면서 인간관계에 영향을 미친다.
따라서 애착은 단지 유아기 때 생존을 위해서만 필요한 것이 아

니라, 인간의 전 생애에 관여하는 중요한 요소이자 욕구라고 할 수 있다.

사회 속에서 하나의 건강한 인격체로 성장하기 위해서는 양육자와 애착을 잘 형성하는 것이 중요하다. 양육자와의 관계는 여러 타인과의 관계로 확장된다. 성인이 되었을 때 남녀 관계에는 물론, 사회에서 만나는 사람들과 관계에도 큰 영향을 미친다. 역으로 대인 불안이나 대인기피증이 심한 경우, 유아기 시절 양육자로부터 적절한 관심을 받지 못했던 결핍이 가장 큰 원인으로 지목된다.

부모가 너무 바빠서 혹은 너무 냉정해서, 배가 고프거나 안아달라고 칭얼대는 아이의 신호를 신속하게 받아들이지 못하면 아이의 애착에 문제가 생긴다. 의도적이든 그렇지 않든 아이의 가장 기본적인 요구에 무관심한 양육자의 태도는 아이의 안정적인 애착 발달을 저해하는 요소가 된다.

애착장애가 생기면 세상과 사람을 대하는 눈이 왜곡되고 변질되어 제대로 볼 수 없게 된다. 왜곡된 렌즈를 통해서 왜곡된 장면이 들어오듯이, 결핍이 생긴 상태에서는 세상이 척박하고 황량하게 보인다. 무의식적으로는 애정결핍을 채우기 위해 자신을 해치는 생각과 행동을 하게 되고 낮은 자존감, 열등감도 쉽게 찾아온다. 게다가 불안과 분노는 동전의 양면처럼 붙어 있다. 애착장애가 생겨 불안이 생기면 분노도 커지게 된다. 대상이 분명하지 않은 분노가 계속 내면에서 들끓어 성격장애로 이어지기도 한다.

자존감은 자신을 존중하고 사랑하는 것을 의미한다. 건강한 애착을 경험한 사람만이 건강한 수준의 자존감을 유지할 수 있다. 뿌리를 굳건히 해야 풍성한 열매를 맺을 수 있듯이 건강한 애착과 자존감은 하나로 이어져 있다. 충분히 사랑받지 못하고 존중받지 못하면 자존감이라는 열매를 맺을 수 없다. 풍성한 수확을 위해 뿌리에 거름을 주듯 심한 열등감을 해결하기 위해서는 애착의 문제를 해결해야 한다.

물론 애착장애는 불치의 병이 아니다. 성장기는 한 번 흘러간 것이기 때문에 되돌릴 수 없다는 절망을 가질 필요는 없다. 현재의 사랑이 과거의 부족을 채울 수 있다. 나의 문제를 인지하고 의식하는 것이 회복의 첫 번째 과정이다.

소심함

왜
남들처럼
활발하지
못할까요
?

대학생이 된 민정의 얼굴은 잿빛이 섞인 창백한 하늘같다. 또래보다 앳된 얼굴에는 순수하지만 황량한 차가움이 서려 있다. 이제 겨우 스무 살인데, 민정의 마음은 폭삭 늙어버린 것 같다.

'마음 밑바닥에 거대한 구멍이 뚫려서 무언가가 끊임없이 새고 있는 것 같아.'

민정은 사람들과 같이 있는 것이 고역이다. 과에서 신입생 환영회를 했을 때도 거의 말없이 앉아 있었다. 그런데도 금방 몸도 마음도 지쳐버렸다.

'내가 껍데기뿐이라는 걸 모두들 눈치챌 것만 같아.'

민정에게는 대부분의 바깥 활동이 신입생 환영회와 다르지 않았다. 온종일 남들의 눈을 의식한 탓에 피곤이 쉽게 찾아왔다. 집에 오면 절벽 아래로 꺼지듯 한없이 잠에 빠져들었다.

●

"다들 절 엄청 소심한 애로 볼 거예요. 전 왜 이렇게 소심할까요? 제 성격은 왜 남들처럼 활발하지 못할까요?"

상담실을 찾은 민정은 말문을 열었다. 뒤이은 민정의 이야기는 대부분 자책이었다.

"초등학교 때부터 제 별명은 '소심이'였어요. 쉬는 시간에 친구들이 교실 뒤에서 공기놀이를 하고 놀 때 전 의자에 가만히 앉아서 그 시간이 끝나기만을 기다렸어요. 엄청 심한 왕따를 당한 건 아니었지만 그런 성격 때문에 늘 반에서 겉돌았던 것 같아요. 막연히 대학에 가면 나아질 거라 생각했는데 오히려 더 힘들게 느껴져요."

민정은 성인이 되고도 변하지 않는 자신에게 실망한 듯 보였다.

"한 번은 과대표 오빠가 아는 척을 하면서 친구들이랑 학교 앞에서 막걸리를 마시기로 했다고 했어요. 그냥 사람들하고 좀 어울리라고, 왜 이렇게 말수가 없냐고 몇 마디를 했을 뿐인데 심장이 뛰면서 별별 생각이 다 들었어요."

'내가 사람들하고 전혀 못 어울리는 애로 보였나? 그래서 다들 날 이상한 애로 생각하고 있는 건가? 하긴, 이상하게 볼만

도 해.'

민정은 결국 조별 모임이 있다는 말로 상황을 얼버무리고 선배의 시선을 피했다고 한다.

'어쩔 수 없어. 나는 내성적인 사람이니까. 난 소심해… 저런 사람들하고는 어울릴 수 없어.'

이후로도 민정은 자신에게 터무니없는 위로의 말을 하고 또 했다.

●

민정의 기억에 자신은 늘 눈치를 보는 아이였다. 특히 집에서 부모님의 눈치를 많이 보며 자랐다. 집 안은 늘 부모님의 전쟁터였다. 그들의 기분이 좋아야 무사히 밥을 먹거나 잠을 잘 수 있었다. 엄마의 기분이 좋을 때는 몸이 아파 학원에 빠지는 것 정도는 용서가 됐지만, 그렇지 않을 때는 식탁에 숟가락만 소리 나게 내려놓아도 등짝을 맞아야 했다. 맑았다 개었다를 반복하는 부모님의 양육태도 때문에 민정의 마음은 늘 불안이 자리 잡게 되었다.

"제가 속한 세상은 꼭 저의 부모님과 같아요. 언제든 뒤에서 저를 후려칠 수 있는 잔인함을 품고 있는 곳이라는 생각을 하게 돼요."

민정에게 세상은 안전하지 않은 곳이었다. 민정은 자존감은 물론, 긍정적인 마음을 키울 기회를 박탈당했다. 때문에 몸만 자라 어른이 되었다는 것을 스스로도 잘 알고 있었다.

"몸이 커질수록 마음은 작아지고 쪼그라드는 기분이었어요."

사춘기를 넘어 이제 성인이 됐지만, 민정은 어려움이 닥치면 쉽게 포기해버리기 일쑤였다. 힘겨운 일들을 돌파할 자존감과 긍정적인 마음이 없다보니 어쩔 수 없는 결과였다. 그럴수록 세상에 대한 불신은 강해져, 자신을 옥죄어 나약하고 소심하게 만들었다.

"사실 어린 시절의 제가 두려웠던 것은 부모님의 손찌검이나 매가 아니었어요. 잠시 잠깐 스치던 작은 친절함, 그것이 훨씬 더 무서웠죠. 엄마가 어느 날 좋아하는 오므라이스를 해준다거나, 아빠가 새 신발을 사주던 순간들이 그랬어요. 이 친절이 언제 히스테리나 폭언으로 바뀔지 몰라 애써 행복한 척, 고마운 척 연기를 해야 했어요."

예측 불가능한 애정에, 어린 민정은 소름이 돋을 정도로 불안했다고 고백했다.

"차라리 대놓고 맞을 때는 오히려 마음이 편했어요. 얼얼한 통증, 그 느낌이 익숙했죠."

민정에게 당연한 것은 부모의 사랑이 아닌 간섭과 트집 그리고 모진 '사랑의 매'였다.

결국 민정은 모든 것을 부정적으로 예측하고 포기해버리는 습관이 몸에 베어버렸다. 그리고 스스로를 태어날 때부터 소심한 사람이라고 치부했다. 학교나 사회에서 누군가가 호감을 갖고 다가와도, 차갑게 돌아서는 것으로 인간관계에서 생길 수 있는 갈등을 차단해버렸다.

민정에게 도망치는 것은 세상에서 가장 간단하고 안전한 방법이었다. 내성적이고 소심한 성격을 타고난 때문에 다른 방법은 없다고 생각했다. 사랑도, 증오도 없는 무채색의 삶이 최선이라 여겼다.

어린 시절 동안 온전히 누리지 못한 부모님의 사랑, 그 결핍은 그녀의 마음에 커다란 도랑을 파고 있었다. 그 도랑에 가득 찬 것은 상처와 불안이었다.

내성적이기 때문에 소심한 것이 아닙니다

어린 시절 부모와 애착 관계가 잘 형성되지 않으면 성인이 된 이후에도 다양한 문제를 겪게 됩니다. 물론 누구나 살면서 크고 작은 문제를 만나지만 민정 씨의 경우엔 작은 문제도 치명적인 스트레스로 작용할 수 있는 상태입니다. 이런 민정 씨에게 "소심함을 버려"라는 충고는 큰 도움이 되지 않습니다. 근본적인, 마음 속 깊은 곳의 불안을 들여다볼 필요가 있습니다.

민정 씨의 고민인 '소심함'은 어디서 왔을까요? 민정 씨 말처럼 내성적이어서 소심한 걸까요?

가장 먼저 알아야 할 사실은 내성적인 것과 소심한 것은 다르다는 것입니다. 민정 씨는 자신이 내성적인 성격을 타고 났기 때문에 소심하다고 이해하고 있지만 이는 사실이 아닙니다. 내성적인 사람도 대담하고 과감한 생각과 결단력을 가질 수 있습니다. 내면의 목표의식이 뚜렷하면 추진력도 강할 수 있기 때문입니다. 더불어 논리적으로 깊이 생각하고 말하기 때문에 즉흥적이고 활발한 외향적인 사람보다 실수도 적은 편입니다. 반대로, 외향적이고 활동적인 사람도 소심할 수 있습니다. 겉으로 활발해 보인다고 해서 모든 결정을 다 시원시원하게 내리는 건 아니기 때문입니다.

그렇다면 민정 씨는 어떨까요? 민정 씨는 오랫동안 소심한 성격으로 산 때문에 자신의 원래 기질이 소심하다고 착각하고 있습니다. 스스로를 '나는 늘 소심한 사람'이라고 낙인찍어 버렸습니다. 하지만 개인적인 판단으로, 민정 씨는 내성적인 사람이지, 소심함을 타고난 사람은 아닙니다. 그간의 경험들이 민정 씨의 마음을 소심하게 만든 것으로 보입니다.

앞서 설명한 대로 내성적인 사람은 차분하고 논리적이라는 장점이 있습니다. 문제는 애착장애로 그 장점을 잘 활용하지 못하고 쉽게 주눅이 들었다는 점입니다. 애착장애는 원래 성향상 가지고 있는 자원들을 무용지물로 만들고, 열등 기능을 강조하는 결과를 만듭니다. 민정 씨처럼 너무 소심하고 필요 이상으로 모든 관계에 대해 예민하다고 느낀다면 자신의 애착 관계를 들여다볼 필요가 있습니다.

대체로 내향적인 아이들은 상처로 마음이 불안해지면 자신의 마음을 더 깊숙한 곳으로 숨겨버립니다. 마음뿐만 아니라 몸도 움츠려듭니다. 사람들과의 교류도 하지 않습니다. 이런 식으로 마음도 열지 않고 내면의 소리도 표현하지 않게 됩니다. 누구도 자신을 이해하고 사랑해줄 거라 믿지 않기 때문입니다. 병적인 상태가 될수록 부정적인 믿음은 더 강해집니다.

애착장애로 인한 극심한 소심함이 문제라면, 현재 자신이 문제라고 생각하는 부분이, 실은 '진짜 문제'가 아닐 수 있다는 사실을 인지해야 합니다. 지금 보이는 문제는, 저 넓고 깊은 마음이라는 바다에 약간 돋아나 있는 빙산의 일부일 뿐입니다.

신기한 것은, 자신이 어떤 부분에서 소심해지는지 깨달을수록 더 이상 소심해지지 않는다는 점입니다. 다행스럽게도 민정 씨 역시 상담을 마치고 집으로 돌아간 밤에는 불안감에서 잠시 놓여나 잠을 푹 잘 수 있다고 했습니다. 소심함이 타고난 성향이 아니라는 것, 소심함에서 비롯된 문제들이 자신의 탓이 아니라는 것을 깨닫자 한결 마음이 가벼워진 것입니다.

물론 소심함에서 완전히 벗어나기 위해서는 치유의 시간이 필요합니다. 전문가들은 보통 2년 이상의 지속적인 상담을 추천합니다. 시간을 들여 자신의 자아를 탐색하며 치유와 회복을 이루면 소심함에서 벗어나 자유로워질 수 있습니다. 자신조차 자기를 미워하고 싫어했던 것을 깨닫고 결핍된 사랑을 스스로에게 아낌없이 주기 시작하면 변화가 찾아옵니다.

다른 사람이 나를 어떻게 생각할까 하는 염려를 너무 많이 하게 되면 '생각의 올무'에 걸려 자유를 잃어버립니다. 생각의 올무에 걸리면 고통스러워하는 자신을 더욱 혐오하게 되고, 자기혐오는 대인기피증을 부추깁니다.

인식의 악순환에서 벗어나기 위해서는 먼저, '다른 누군가가 나에게 사랑을 퍼부어주어야 나의 결핍이 채워질 것'이라는 거짓 사고에서 벗어나야 합니다. 나는 누군가를 의해 존재하는 것이 아니라 나 자체로 존귀하고 빛나는 사람입니다. 주위를 환하게 밝힐 만큼 빛을 내고 있습니다. 어린 시절의 결핍도 스스로 채워줄 수 있다는 사실을 기억하길 바랍니다.

타고난 기질은
모두가 좋다,
그리고 옳다

보통 사람들에게는 타고난 기질이라는 것이 있다. 기질은 잘 변하지 않는다. 내성적인 기질을 가진 사람이, 노력과 환경에 의해 어느 정도 외향적인 성격으로 바뀌는 경우도 있지만 본래의 기질을 완전히 바꾸기는 어렵다.

사람들이 타고난 기질을 파악하는 가장 흔한 도구는 MBTIMyers-Briggs Type Indicator이다. MBTI는 정신분석학자 융의 심리 유형론을 바탕으로 마이어스와 브릭스 박사가 완성한 것으로, 총 16가지로 나뉘는 기질 유형을 설명해준다. MBTI에는 외향(E)—내향(I), 감각(S)—직관(N), 사고(T)—감정(F), 판단(J)—인식(P)의 지표가 있다. 각각의 지표들은 가장 근원적이고 핵심적인 기질을 뚜렷하게 보여주기 위해 고안됐다. 각각의 지표들은 대상자의 검사지 결과 점수를 통해 2가지 중 1개로 결정된다.

물론 MBTI의 16가지 기준이 인간의 모든 기질을 다 설명한다고 할 수는 없다. 또, 사람에게는 앞서 언급된 내향과 외향, 감각과 직관, 사고와 감정, 판단과 인식 이 8가지의 기질이 조금씩은 다 있다. 지표 사이의 경계에 걸쳐진 사람들을 따지면 가지 수는 거의 무한대로 늘어난다. 하지만 MBTI는 어떤 기능을 중점적으로 사용하는지, 즉 주기능이 무엇인지에 따라 성격 유형을 구분한다. 예를 들어, 외향성 점수보다 내향성 점수가 높으면 그 사람의 첫 번째 지표는 내향성이 된다.

외향성extraversion과 내향성introversion은 심리적인 에너지의 관심이 어디로 향하는지를 알려주는 지표이다. 일반적으로 외향적인 사람은 에너지가 밖으로 향한다. 때문에 사람들과도 잘 사귀며 어디를 가든 활동적이다. 외향적인 사람은 외부의 자극을 받으면서 에너지를 충전한다. 가장 큰 자극을 주는 존재가 사람이기 때문에, 그들은 다양한 사람들을 만나는 것에 대해 거부감이 없고 대화를 즐긴다. 반대로 내향적인 사람은 외부 활동보다는 내부, 자신의 내면에 관심이 많다. 내향적인 사람은 사람들과 어울릴 때보다 혼자 있을 때 더 편안함을 느끼며 그때 에너지를 충전한다. 내향적 사람에게 바깥 활동은 에너지를 방출하는 일이며, 사람들이 많은 곳에 가면 정신적으로 쉽게 지치고 피곤해진다. 또한 대화보다는 혼자 생각하는 것을 즐긴다.

감각형sensing과 직관형intuition은 사람이나 사물을 어떤 방식으로 인식하는지 알려주는 지표이다. 감각형의 사람은 직관형의 사람보다 현실적이며 실용적으로 일을 처리하는 편이다. 전체적인 숲보다는 나무를 세밀하게 관찰하는 유형이다. 반면 직관형의 사람은 대상을 볼 때 사실적인 관찰을 통해 판단하지 않는다. 직관형 사람들은 말 그대로 직관적으로 대상을 느끼며 통찰한다. 그러한 통찰은 저절로 이루어지며, 사물의 이치를 한눈에 꿰뚫는 시안이 발휘된다. 나무 하나하나를 보기보다는 전체적인 숲을 보며 나무까지 파악하는 유형이라 할 수 있다. 감각형이 전통과 규칙을 중시한다면, 직관형은 한계 너머의 가능성과 창조성을 중시한다.

사고형thinking과 감정형feeling은 주어진 정보를 판단하고 선택할 때 사고를 바탕으로 하는지, 감정을 바탕으로 하는지를 알려주는 지표이다. 사고형의 사람은 이성적이고 객관적인 사실관계를 중요시 여긴다. 원칙과 비판 정신을 중요하게 여기기 때문에 결론을 내릴 때에도 객관적이고 분석적으로 판단하는 경향이 있다. 감정형의 사람은 관계를 중요시하기 때문에 옳고 그름의 객관적인 판단보다는 정서적으로 무엇이 그 사람에게 좋을지, 자신과의 관계에 좋을지를 고려하는 편이다.

판단형judging과 인식형perceiving은 실제적인 삶에서 판단과 인식 중에 어떤 것을 더 사용하는지 알려주는 지표이다. 판단형의 사람은 추진력이 있고 합리적이고 종합적인 결정을 내리기를 선호한다. 그러기 위해서는 무엇이 먼저인지 우선순위를 빠르고 명확하게 정해야 한다. 판단형 사람들은 생각을 우선순위에 따라 체계적으로 정리해둔다. 인식형의 사람은 명확한 목적이 아닌 그때그때 바뀌는 상황에 따라 행동하는 경향이 짙다. 정해진 계획 안에서 움직이지 않기 때문에 융통성이 있으며 변화를 잘 수용할 수 있다. 하지만 장기적인 계획이 있다면 중간에 의지와 행동이 흔들릴 수 있어 끝까지 해내지 못하는 경우도 있다.

내담자들은 타고난 기질도 바뀔 수 있을지를 많이 궁금해한다. 당연히 내향적인 사람도 사회적인 필요에 의해 노력을 기울이면 외향성을 기를 수는 있다. 하지만 타고난 기질이라는 것은 말 그대로 타고난 것이라서, 우리가 임의적으로 선택할 수는 없다. 노력과 환경에 의해 어느 정도 바뀌는 경우도 있지만 본래의 기질을 완전히 바꾸기는 어렵다.

무리해서 바꾸려고 하다가는 탈이 나기도 한다. 외향적인 사람이 갑자기 하루 종일 집에 틀어박혀서 혼자 일을 해야 된다거나, 내향적인 사람이 하루 중 상당 시간을 여러 사람들과 어울려야만 하는 일을 지속적으로 해야 한다면 큰 불편을 느낄 것이다. 특히 감각형과 직관형의 경우, 그 둘을 뒤바꾸는 것은 거의 불가능에 가깝다. 나무를 보는 사람이 어느 날 갑자기 숲을 꿰뚫어보는 직관을 가질 수는 없다. 그래서 흔히 사람은 쉽게 바뀌지 않는다는 말을 하기도 한다.

우리나라의 경우, 많은 사람들이 내성적인 사람을 소심한 사람으로 인식하곤 한다. 때문에 겉으로 에너지가 넘치는 사람들을 더 좋게 보는 경향이 있다. 하지만 타고난 기질은 모두가 다르기 때문에 옳고 그름의 잣대를 들이대서는 곤란하다. 모든 기질에는 고유한 특징과 장점이 있기 때문에 어느 것이 더 좋고 나쁘다고 볼 수 없다. 부족한 것은 보완하는 쪽으로 접근해야 한다. 요약하면 기질적 성향을 이유로 스스로를 자책할 필요도 없고, 다른 사람을 쉽게 규정지어서도 안 된다. 모든 기질은 다 좋다. 그리고 옳다.

불안과 분노

0
3

사랑하는
사람에게도
미친 듯이
화를
냅니다

8

올해 무역회사에 입사한 서진은 어릴 때 부모의 이혼으로 엄마와 헤어진 후 어둡고 침울한 유년기를 보냈다. 비록 짧은 기간이지만, 엄마에 대한 기억은 따뜻하게 남아 있다. 아플 때, 배고플 때, 친구가 때려서 울 때 엄마는 제일 먼저 달려와 어린 서진을 안아주었다. 그런 엄마가 예고도 없이 자신의 세상에서 완전히 사라졌을 때 서진은 큰 충격을 받았다. 겉으로는 멀쩡해 보였지만 서진의 마음은 감당할 수 없는 불안과 분노로 가득 찼다. 그리고 이후 서진의 불안은 생존을 위협할 정도로 심각하게 자라났다.

'엄마는 왜 날 버리고 간 거지?'

'엄마는 날 사랑하지 않았던 걸까?'

'나는 나를 세상에 있게 한 사람에게조차 버림받은 사람인가?'

성인이 된 후에도 갖가지 물음은 서진을 괴롭혔다. 그리고 물음은 의심이 되고 확신이 되었다. 서진은 사람을 쉽게 믿을 수 없게 되었고, 가까운 친구라도 언제든 자신을 속이고 배신할 수 있다는 생각을 하게 됐다.

그럼에도 서진은 주변의 사랑과 관심을 거부하진 않았다. 그리고 언제부턴가 엄마의 사랑을 대신할 '대체물'을 찾아 헤맸다. 마음 속 불안과 결핍을 채워 줄 무언가를 갈구했다. 학교나 회사에서도 모든 사람들의 인정과 사랑을 바라는 강렬한 욕구가 일었다. 서진은 조금이라도 자신을 싫어하는 사람이 있으면 견딜 수 없었다. 언제든 뒤돌아 설 수 있는 잠정적 배신자라고 생각하는 이들에게조차 '완벽한 사람', '사랑받아야 하는 사람'으로 인정받기를 원했다.

●

서진의 욕구가 가장 크게 분출된 인물은 여자친구 정애였다. 서진은 정애를 교회에서 처음 만났다. 교회에서 바른 생활 청년으로 통했던 서진은 또래 여자친구들에게 인기가 많았다. 하지만 서진이 끌린 여자는 정애뿐이었다. 엄마와 비슷한 이목구비와 성격을 가진 정애가 한눈에 들어왔다. 서진은 정애에게 열렬한 구애 작전을 펼쳤다. 정애 역시 자신에게 잘해주는 서진에게 마음이 갔다. 하지만 둘이 사귀기로 한 이후 둘의 관계는 조금씩 엇나가기 시작했다.

"너 나 사랑하지? 얼마나 사랑해?"

"너 지금 무슨 생각해? 왜 이렇게 나한테 관심이 없어?"

"방금 누구랑 통화했어? 남자야? 누군데? 왜 다른 남자랑 친하게 지내?"

서진은 성실하고 착한 청년으로 평판이 좋았지만 정애에게만큼은 그렇지 못했다. 다른 사람의 눈치를 살피느라 받았던 스트레스를 정애에게 푸는 날이 많았다. 화를 내는 날이 많아지고 정도도 갈수록 심해졌다. 처음에는 소소하던 말다툼이 언성을 높이는 식으로, 이후에는 집기를 집어 던지는 형태로 변질됐다. 정애는 자신이 기대했던 모습과 다른 서진에게 조금씩 지쳐갔다. 게다가 서진의 과도한 집착에 정애의 마음은 살얼음판을 걷는 것 같았다. 둘의 관계는 오래가지 못했다.

"어떻게 사랑하는 사람한테 이래? 나는 연애가 이런 건 줄 알았으면 시작하지 않았을 거야."

전에 없이 정애는 냉정했다.

"내가 뭘 어쨌다고, 티격태격한 걸 가지고…."

"아니야, 사랑하는 사람에게 그렇게 화를 내는 사람은 없어. 나는 아무래도 이대로는 안 될 것 같아… 미안해."

헤어지자는 정애의 말에 서진은 처음에는 화를 내다가 나중에는 울먹이며 매달렸다. 서진의 눈물에 마음이 약해진 정애는 몇 달간 더 서진을 받아주었지만 결국 두 사람은 헤어졌다.

이별 이후 서진은 주먹으로 벽을 때리며 자신의 분노를 표현했다. 정애와의 이별은 엄마로부터 버림받았던 상처를 헤집어 놓았다. 숨을 가쁘게 몰아쉬고 온몸을 씩씩거리며 화를 참지 못했다. 실망감과 함께 '내가 그럼 그렇지' 하는 자괴감까지 밀려왔다. 서진은 깨어진 관계의 원인 따위는 생각하고 싶지 않았다. 왜 정애가 그렇게 힘들어 했는지, 왜 이별을 고할 수밖에 없었는지는 중요하지 않았다. 사랑하는 사람에게조차 화를 내고 사랑을 베풀지 못한 자신에게 문제가 있다는 걸 머리로는 이해하면서도, 마음으로는 전혀 받아들이지 못했다. 자신은 사랑을 줬는데 돌아온 것은 이기적인 이별 통보라는 생각뿐이었다. 어느 순간 서진은 정애를 '나쁜 여자'라고 폄하하고, 자신은 나쁜 여자에게 버림 받은 비련의 주인공이라고 포장했다. 외로울 때면 정애의 얼굴이 떠올랐지만 곧장 그런 생각을 지우려고 애를 썼다.

분노와 함께 서진에게 찾아온 감정은 사랑하는 대상을 잃어버렸다는 상실감과 끝없는 자기 비하였다. 사회생활도 위축됐다. 관계를 유지하기 위해 돈과 시간, 에너지를 쏟는 것이 아무 의미 없는 짓으로 느껴졌다. 꼭 참석해야 하는 회식자리가 아니면 사람들과도 어울리지 않았다. 교회에도 나가지 않았다. 혼밥과 혼술로 자신을 위로했다. 그렇게 외로움이라는 감정 속에 자신을 방치했다. 스스로에게는 "적어도 혼자 있을 때는 다른 사람의 생각이나 감정에 휘둘리지 않아 편하다"는 변명을 했다.

상담실을 찾은 서진은 타인에 대한 혐오감과 자신에 대한 냉정함을 여과 없이 표현했다. 가장 안전한 것은 스스로를 고립시키는 것이라 믿고 있다고 했다. 그럼에도 서진의 눈에는 깊은 외로움과 누군가 자신을 고독의 바다에서 건져주길 바라는 간절함이 서려 있었다.

버림받기를
두려워하는 마음이
느껴집니다

뉴스에서 가끔 데이트 폭력에 대한 이야기를 보게 됩니다. 떠나고 싶어 하는 쪽과 집착하고 분노하는 쪽이 나옵니다. 집착하고 분노하는 쪽은 "내가 널 얼마나 사랑하는데, 네가 나한테 이럴 수 있느냐"고 하소연합니다. 그러나 우리 모두가 알고 있듯 집착은 사랑이 아닙니다. 과도한 집착은 버림받음, 사랑의 결핍, 불안과 분노가 만든 병증일 뿐입니다.

서진 씨 이야기로 들어가 보겠습니다.

상대방에게는 진정한 관심과 애정을 주지 않으면서 늘 받기만 원하는 미성숙한 이기심을 한없이 받아줄 상대는 없습니다. 서진 씨도 막연하게나마 그것을 알면서도 끝내 인정하고 싶지 않았습니다.

마지막에 서진 씨는 "정애가 믿을만한 여자가 못 돼서, 언젠가 자신을 배신할 존재라서 그녀와 헤어졌다"고 자기합리화를 했지만 이는 사실이 아닙니다. 상대방을 나쁜 사람으로 만들어서 자신은 문제가 없는 사람으로 인식하려는 거짓된 자기합리화일 뿐입니다. 마음속으로 무의식적인 정죄의식을 펼치면서 자신을 보호하려는 일종의 자기방어이기도 합니다. 하지만 객관적으로 이별의 원인은 정애 씨가 아니었습니다. 상대방에게 고통을 줄 정도의 집착이, 버림받을까봐 두려워하면서 오히려 버림받는 상황을 만드는 가슴 아픈 아이러니를 만들었습니다.

그럼 왜 서진 씨는 과도한 집착을 갖게 되었을까요? 서진 씨의 마음 안에는 눈물 자국 가득한 소년이 있습니다. 영문도 모른 채 엄마와 헤어진 소년은 예나 지금이나 변함없이 상처를 안고 있습니다. 소년이 자라기를 멈추면서 서진 씨의 마음 안에는 불안과 분노, 두려움이 자리 잡기 시작했습니다. 그것도 가장 밑바닥에, 뿌리 깊게 자리를 잡았습니다.

'아, 내가 사람들을 두려워하고 있구나. 관계 맺는 걸 불안해하고 있구나.'

서진 씨가 이걸 깨달았으면 합니다.

서진 씨가 근본적으로 자신의 문제를 해결하기 위해서는 '의식화'의 첫 관문을 통과해야 합니다. 사람을 대할 때 본능적으로 올라오는 무의식적인 두려움을 의식적으로 바라볼 필요가 있습니다. 처음에는 이 사실을 인정하기 어렵고 싫을 수 있지만 자신의 문제를 인정해야 합니다. 되도록 자신의 깊은 슬픔과 마주하고 자신을 위해 눈물을 흘려주어야 합니다. 눈물과 함께 상처에 고여 있던 감정들이 흘러나오면, 비로소 서진 씨 안에 있는 소년도 다시 성장할 것입니다.

부모와의 관계는 아이가 태어나서 처음 맺는 인간관계입니다. 그리고 세상과의 모든 관계의 시작입니다. 따라서 어긋난 부모와의 관계에서 생긴 두려움은 이후 맞이하게 될 모든 관계에 강력한 영향을 주게 됩니다. 부모의 이혼으로 건강한 애착을 갖지 못한 서진 씨는 자신도 모르게 모든 사람과의 관계를 두려움으로 여겼을 것입니다.

'나는 왜 이렇게 인간관계가 어렵지?'

'나는 왜 좋은 사람과도 잘 지내지 못하지?'

이런 질문으로 고통을 받는다면 가장 먼저 부모님과의 관계가 어땠는지 되돌아 볼 필요가 있습니다. 부모와의 애착 관계에서 결핍과 상처가 있었다면 넘어져 다친 무릎에서 피가 흐르는 것과 같은, 혹은 그보다 더 큰 고통을 안고 살게 됩니다. 상처를 치유해야 다친 무릎에 새살이 돋듯 인간관계의 어려움들도 사라져 다른 사람들과도 건강한 관계를 형성할 수 있습니다.

사람들은 모두 다른 삶을 살지만 비슷한 구석도 많이 있습니다. 만일 마음속에서 인간관계에 대한 여러 가지 물음이 올라온다면 그 싹을 가볍게 짓밟지 말기를 바랍니다. 깊고 깊은 상처의 뿌리를 들여다보고 또 들여다보아야 합니다. 회피하지 말고 직면해야 합니다. 그리고 치유를 해야 관계의 고통에서 놓여나 자유로워질 수 있습니다.

물론 불안을 내려놓는다고 해서 실연 혹은 이별 자체를 막을 수는 없습니다. 모든 이별은 저마다 아프고 힘듭니다. 몇 달 혹은 몇 년 동안 온 마음을 다해 사랑해왔다면 아픔은 더욱 클 것입니다. 그리고 그 모든 아픔들을 철저히 홀로 감당해야 하기에, 이별은 엄청난 외로움과 상실감을 부릅니다.

불안정한 애착을 가진 사람들은 상실감에 매우 취약합니다. 그들에게 연인을 잃는 것은 부모를 잃는 것이나 마찬가지이기 때문에 매우 극단적으로 이별을 경험하기도 합니다. 어떤 사람은 하늘이 무너지고 삶의 희망이 사라졌다는 생각에 일상생활을 하지 못할 정도로 매일 집에 틀어박혀 울기도 합니다. 어떤 사람은 이별에 대한 잔상, 슬픈 여운을 무시한 채 공부나 일, 다른 관심거리에 몰두해 버리기도 합니다. 그렇게 상대에 대한 생각을 차단하려고 애를 씁니다. 또 다른 사람은 애인의 공백을 견디지 못해 끊임없이 이 사람 저 사람을 갈아타며 겉핥기식 만남을 계속하기도 합니다. 이러한 모습은 모두 바람직하지 않습니다.

사랑에도 수순이 있듯 이별에도 수순이 있습니다. 일시적으로 충분히 슬퍼하는 것은 건강한 반응입니다. 이때 상실에 대한 충분한 애도의 시간을 가져야 합니다. 애써 감정의 바다에 자신을 던질 필요는 없지만, 감정이 흘러가는 대로 두면서 이를 정리할 시간은 필요합니다. 이별을 받아들이기 힘들다고 이 과정을 생략하는 것은 옳지 않습니다.

만일 애도의 시간을 가졌음에도 너무도 지독히 아프다면, 고통의 원인이 떠나간 옛 연인이 아닐 수 있습니다. 이는 자신에게 해결해야 할 문제가 있다는 신호일 수 있습니다. 이별 후에 인간적 성숙을 기대할 수 없다면 자신의 내면을 다시금 들여다보아야 합니다.

불안은
어디에서
오는가?

불안은 아주 원초적인 감정이다. 소년기, 청년기, 성인기에 이
르기까지 계속되는 불안은 어릴 때 만들어지는 경우가 많다. 엄
마가 자신을 사랑하지 않는다고 생각할 때 아이는 엄청난 불안
을 느낀다. 엄마의 애정은 아이에게 생존이 걸린 문제이기 때문
이다.

　대부분의 엄마들은 자신의 아이를 사랑한다. 하지만 아이
입장에서는 충분한 사랑을 받지 못했다고 여길 수 있다. 엄마가
자신을 안아주지 않을 때, 아기는 엄마가 자신을 충분히 돌보지
않고 사랑해주지 않는다고 느낀다. 나아가 엄마가 아이를 방치
하거나, 자신이 원하는 방식으로 사랑을 주지 않거나, 극단적으

로 폭언과 폭력으로 아이를 훈육했을 때 아이는 애정결핍으로 인한 불안에 너무도 쉽게 노출된다. 그리고 이러한 감정은 살면서 느끼는 여러 가지 우여곡절에서 '거절' 그리고 '버림받음'의 감정으로 재현된다. 그 감정을 회피하고 싶어서 잘못된 선택을 하는 경우도 있다.

일종의 보호본능처럼 불안을 느끼며 자란 아이는 자라는 동안 불안을 해소해 줄 엄마의 대체물을 찾게 된다. 사랑과 관심을 쏟아줄 누군가를 갈구한다. 학교, 교회, 회사 등 어디를 가든지 자신을 사랑해줄 사람을 찾는다. 누구라도 끊임없이 자신을 사랑해주길 바라는 강렬한 욕구를 갖게 된다. 대표적인 관계는 친구와 애인이다.

"저 사람은 나를 사랑할까, 안 할까?"

"내가 지금 충분히 관심을 받고 있는 건가?"

"단 한 명도 날 싫어하는 사람이 있어선 안 돼."

이러한 생각으로 늘 긴장하며 살다보니, 자연스럽게 사람들의 눈치를 보는 소심한 성격이 된다. 때로 이러한 성격은 자신만 아니라 주위 사람들까지 불안하게 만든다. 불안이 전염되고 싶지 않은 이들은 소심한 사람을 피하게 되고, 불안한 사회 속에서 고립되기도 한다.

극단적인 예로 매를 맞으면서도 남편을 떠나지 못하는 여성들이 있다. 폭력마저도 애정이 있어서 그럴 것이라고 스스로를 합리화한다. 애착 문제로 인해 무모하고도 잘못된 애정의 형태들이 만들어진다.

'나는 사랑받지 못했어. 나는 사랑받을 수 없는 사람이야. 사랑받을 수 있는 어떤 조건도 갖추지 못했어. 누구나 나를 보면 싫어할 거야.'

애착 문제는 자신을 폄하하는 데도 일조한다. 부모와의 애착장애가 심한 경우 스스로를 학대하고 비난하기도 한다. 일반인은 쉽게 극복되는 감정적 어려움을 어쩌지 못해 병적 상태로 진행되기도 한다. 아무에게도 이해 받지 못하는 자신을 탓하면 탓할수록 병적 상태는 더욱 깊어진다.

"나의 불안은 어디에서 왔을까?"

항상 사랑을 갈구하지만 만족하지 못한다면 문제가 어디서 시작되었는지 알아야 한다. 자신에게 어떤 양상으로 불안이 나타나고 있는지, 불안으로부터 불행은 어떻게 파생되었는지, 불안이 가치관이나 삶의 태도로 고착된 것은 언제부터인지 살펴보아야 한다.

사람들은 불안을 느꼈을 때 각기 다른 반응을 보이며 그에 따른 행동도 달라진다. 첫째로 자신의 불안을 억압하고 숨기는 이들이 있다. 불안에 대해 생각할수록 더 불안해지는 느낌 때문이다. 둘째로 불안에 몰두해 분노를 표출하는 이들도 있다. 이들은 주변에서 "욱하는 성격을 가졌다"는 평판을 듣는데, 화는 성격 때문이 아니라 불안이 높아서 나타나는 경우가 대부분이다. 불안을 해소하려고 화를 내는 것이다. 셋째로 불안을 느끼는 사람들 중에는 술, 스포츠, 게임 등에 중독될 만큼 몰두하는 이들도 있다. 불안을 잊기 위한 도구를 찾고 생활을 망칠 정도로 몰입하기도 한다.

그렇다면 건강한 애착을 형성한 사람은 어떤 식으로 불안을 해소할까? 일단 건강한 애착을 형성한 사람은 불안을 정상적인 감정의 하나로 인식한다. 때문에 극단적이거나 자기 파괴적인 방법을 쓰지 않는다. 불안을 직시하고 원인을 해결하려고 노력한다. 이로써 애착이 불안과 같은 부정적인 감정을 해결하는 근원적이고 핵심적인 역할을 한다는 것을 알 수 있다. 결과적으로 과도한 불안을 해소하기 위해서는 애착의 회복이 필요하다.

집착

상대를
늘
시험하게 되는
연애가
힘들어요

공무원 시험을 준비 중인 연희는 최근 3년간 사귄 민호와 헤어졌다. 이별 앞에서 연희는 몸과 마음이 무너져 내리는 듯한 아픔을 겪었다. 이별은 연희에게 '관계의 실패'라는 성적표 같았다. 지독한 패배감과 절망감이 몰려왔다. 마음에 거대한 구멍이 뚫리고 그 구멍을 채우고도 남을 외로움이 엄습해 왔다.

"매달려도 보고, 화도 내고, 애원도 해봤지만 달라지는 것은 없었어요. 이제 제발 그만하자며 냉정하게 돌아섰어요. 그런데 저는 민호에 대한 생각을 단 1초도 멈출 수가 없어요."

연희는 일상생활이 어려울 만큼 매일 집에 틀어박혀 하염없이 눈물을 흘렸다. 힘든 수험기간 동안 의지했던 민호와 헤어지자 더 이상 삶의 희망이 보이지 않았다.

연희에게 민호와의 사랑은 달콤함 이상이었다. 연애를 하는 동안 연희는 두 사람이 하나가 된 듯한 기분을 느꼈다. 온 우주가 자신들을 중심으로 도는 것 같았고, 그 어떤 것도 아름답지 않은 것이 없었다. 그래서 연희는 눈치채지 못했다. 민호가 사랑에 심드렁하고 지쳐가고 있다는 것을.

"우리는 사랑 안에서 전능해졌어요. 그래서 한시도 떨어지고 싶지 않았어요. 그랬던 것뿐인데…."

그 이상 완벽할 수 없을 것 같던 세상이 어느 날 연희만 남겨두고 사라졌다.

●

연애를 시작하고 연희는 항상 민호와 함께 시간을 보냈다. 민호의 일거수일투족이 궁금하고 신경 쓰였다. 당연히 휴일이면 보고 싶었고 민호 역시 간절히 자신을 보고 싶을 거라 기대했다. 그 상태가 계속되는 것이 사랑이라고 생각했다. 민호는 연희에게 잘 맞춰주었고, 때때로 약속시간에 1시간씩 늦는 연희에게 화도 내지 않았다. 한밤에 거는 전화도 웃으며 받아주고, 집으로 불쑥 찾아와 데이트를 하자고 해도 잘 따라주었다.

그런데 얼마 전부터 민호가 자기만의 시간을 갖고 싶다는 이야기를 꺼냈다. 연희는 민호의 이야기를 받아들이는 것 같았지만 마음으로는 그렇지 못했다. "피곤하면 연인 사이에서도 만나지 않을 권리가 있고 쉴 수도 있는데 왜 그러는지 모르겠다"며 짜증을 내는 민호의 말이 "나는 더 이상 너를 사랑하지 않는다"는 말처럼 들렸다. 본마음을 대놓고 이야기하지 못한 연희는 사소한 일상에 잔소리를 더하기 시작했다.

발단은 민호의 자기 관리였다.

"시험이 얼마나 남았다고 그렇게 술을 마셔?"

"공부할 시간이 부족해 데이트할 시간도 없는데 친구들이랑 논다는 게 말이 돼?"

"3년 사귀니까 내가 싫어진 것이냐, 정말 나 말고 다른 여자가 더 좋아진 거야?"

연희가 생각해도 도가 지나친 말들이 줄을 이어 나왔다. 치솟는 화에 스스로도 놀랄 지경이었다. 그런데도 연희는 화가 멈춰지지 않았다. 깊어진 집착이 둘의 관계를 갉아먹고 있다는 것을 알아챘을 때는 돌이킬 수 없는 지경이 된 후였다.

"진짜로 미안해? 뭐가 미안한지는 알아?"

연희는 화가 잔뜩 났지만, 민호는 풀이 죽은 모양새일 뿐이었다. 연희는 민호가 오랜만에 만난 친구들과 늦은 시간까지 술을 마신 것을 알고 또 다시 폭풍 잔소리를 시작했다. 민호는 잘못했다며 몇 번이나 사과했지만 연희의 화를 돋울 뿐이었다.

"그냥 다 미안해."

"뭘 잘못했는지 몰라서 그냥 하는 소리잖아. 네가 뭘 잘못했는지 구체적으로 얘기해. 그렇게 뭉뚱그려서 미안하다고만 하지 말고."

민호가 인내심을 갖고 조목조목 이야기를 하자 연희는 또다시 날카롭게 소리쳤다.

"알면서 왜 그랬어?"

"아, 미안하다고."

"뭐가 미안한데?"

"방금 말했잖아."

"진심이 없잖아. 정말 미안하긴 한 거야, 어?"

말싸움이 계속되자 민호도 가만있을 수 없는 지경이 된듯했다.

"넌 네 생각과 감정만 옳은 것 같아? 네가 내 엄마야? 내가 네 자식이야?"

'내가 나이고, 네가 나인데 어떻게 네가 나한테 소리를 지를 수 있어?'

민호의 반격에 비로소 연희 안의 불안이 본색을 드러내기 시작했다.

'왜 너는 나랑 다른 생각을 하는 거야? 왜 변한 거야?'

'어떻게 변할 수 있어?'

연희는 위태로워진 관계에 분노하고 실망했을 뿐만 아니라 민호가 자신을 더 이상 받아주지 않는 데 큰 위협을 느꼈다. 그간 자신을 위해 완벽하고도 아름다운 관계가 만들어졌다고 생각했는데, '온전한 일치감'에 균열이 가는 것 같았다. 연희를 더 놀라게 한 것은 사랑의 균열에 대해 자신만 어쩔 줄 몰라 할 뿐, 민호는 신경조차 쓰지 않는다는 것이었다. 민호는 더욱 사나워졌다.

"그전에도 좀 느끼긴 했지만 너 이런 애였어?

"그전에? 내가 뭘 어쨌는데?"

"내가 네 눈앞에서 안 보이면 지금 어디냐, 뭐 하냐, 왜 안 오냐 계속 묻고 괴롭혔잖아. 난 네가 실망할 짓 한 적 없고, 그냥 이게 내 모습이야. 나도 이젠 정말 지친다, 이제 그만하자."

연희의 머릿속에서는 아무것도 아닌 일로 자신이 과하게 화를 내고 있는 것인가 하는 생각이 스쳤다. 하지만 그렇다 해도 남자친구라면 끊임없이 사과하고 사랑을 퍼부어주어야 하는 것 아닌가 하는 반문이 일었다. 뒤이어 가슴이 찢어지는 슬픔이 덮쳐왔다. 그렇게 영원할 줄 알았던 관계가 순식간에 끝이 났다.

●

심리상담 전문가를 만난 연희는 이별에 대한 이야기를 하면서, 그날의 당혹스러움이 되살아나는 것 같아 몸을 떨었다. 그리고 그토록 완벽한 사랑을 하던 자신과 민호에게 도대체 무슨 일이 벌어진지 모르겠다고 덧붙였다.

"연희 씨는 혹시 무적의, 전능한 감정을 느끼게 해 줄 양육자를 찾아 헤맸던 것은 아닐까요?"

심리상담 전문가로부터 "민호 씨는 보통의 평등한 연인의 관계를 원했지만 연희 씨는 민호 씨에게 부모와 같은 강력한 보호자의 모습을 기대하고 있지 않았나요?"라는 질문을 받고 연희는 뒤통수를 맞은 기분이었다. 지금껏 이별의 원인이 민호 때문이라고 강하게 믿고 있었기 때문에 연희가 느낀 충격은 매우 컸다.

"부모와 불안정한 애착을 가진 사람들은 소중한 사람을 잃는 상실감에 매우 취약해요. 그래서 상대방에게 고통을 줄 만큼 집착하기도 하지요. 이별에 대해 일시적으로 슬퍼하는 건 당연하고 건강한 반응이에요. 하지만 그 이상으로 자신을 괴롭힌다면 그건 민호 씨 때문이 아닌, 자신에게 해결해야 하는 문제가 있기 때문이에요."

연희는 심리상담 전문가를 통해 자신 말고도 연인에게서 부모의 모습을 바라는 이들이 많다는 사실을 알게 됐다. 심리상담 전문가는 부모와 지속적이고 안정적인 애착을 형성하지 못한 사람들이 생각보다 많다며, 완벽한 부모가 없는 것처럼 완벽한 사람, 완벽한 애인도 없다는 것을 상기시켰다.

"애인에게서 부모에게 받지 못했던 사랑을 받길 원하는 건

밑 빠진 독에 물이 차길 바라는 거나 다름없어요. 어떤 사람도 그런 거대하고도 완벽한 사랑을 쉬지 않고 영원히 줄 수는 없을 거예요. 그런 과도한 기대는 연인을 지치게 할 뿐이죠."

이야기를 듣던 연희는 '모든 게 나 때문이었던가?' 하는 물음이 일었다.

●

사실 20대 후반의 연희는 그간 연애를 하며 상대가 한 순간에 돌아서는 경험을 몇 번이나 했었다. 심한 말을 하고, 모진 행동을 해도 다 받아주던 상대가 가벼운 말다툼 끝에 돌아설 때, 연희는 그 상황을 도저히 이해할 수 없었다. 그래서 이별은 상대의 사랑이 변한 때문이지, 자신에게는 별다른 문제가 없다고 자신했었다.

"그간 제가 모든 연애를 망치고 살았던 걸까요? 상대에게서 부모의 모습을 바랐기 때문에 다들 나가떨어진 걸까요?"

심리상담 전문가는 애착과 연애 과정에 대해 자세한 설명을 해주었다.

"사람을 잘 신뢰하지 못하는 사람들은 연인이 자신에게 상처를 줄 사람인지 아닌지 의식적, 무의식적으로 끊임없이 시험을 하게 돼요. 안심하는 마음이 들 때까지요. 자기 때문에 상대방이 힘들어하고 결국 떠나게 되면, '역시 날 사랑한 게 아니었어'라며 스스로를 또 상처 입히고 말죠. 잠깐은 '내가 잘못했구나'라고 후회할 수 있지만 새로운 사람을 만나면 또 같은 실수를 반복할 가능성이 커요."

연희는 이 모든 것이 자신이 사랑을 받지 못하고 자라서 그런 것일까 하는 생각을 해보았다. 그동안 머리로는 이러면 안 된다고 하면서도 집착하는 마음을 참을 수가 없었다. 그래서 늘 상대와 함께 있으려고 하고, 함께 있지 못할 때는 늘 상대를 시험했다. 연희는 비로소 자신의 연애사를 돌아보게 되었다.

●

상담실을 나온 연희는 대학친구 효진에게 전화를 걸었다. 친구들 사이에서 '쿨함'의 대명사로 불리는 효진이 갑자기 부러워졌고 그녀의 안부가 궁금했다.

"효진아 잘 지내?"

효진은 언제나처럼 밝은 목소리로 연희의 전화를 받아주었다.

효진과 연희는 비슷한 가정환경에서 자랐다. 둘 다 어렸을 때 가난을 겪었고, 이사와 전학을 수없이 다녔으며 부모님은 늘 일을 하느라 바빴다. 그 덕에 효진은 고등학교 때부터는 무심하고 무뚝뚝한 할머니 집에서 자랐다. 신경질적인 할머니의 비위를 맞추는 게 지겨워 효진은 서둘러 먼 곳의 대학을 선택해서 집을 떠났고, 연희도 지긋지긋한 집을 빨리 떠나고 싶어서 다른 지역의 대학으로 진학을 했다. 둘은 이후로 쭉 고시텔이나 원룸에서 혼자 살며 가끔씩 얼굴을 보고 안부를 물었다.

　"선생님 제 친구는요, 클럽에서 남자를 만나 길면 3~4개월 뜨거운 만남을 가진 뒤에 아주 태연하게 헤어져요. 마치 처음부터 사랑하지 않았던 것처럼 말이에요. 제가 남자친구 때문에 힘들다고 하면 이렇게 쉽게 남자를 만날 수 있고 가질 수도 있는데 뭐 하러 몇 년씩 서로에게 목을 매는지 모르겠다고 야단을 쳐요. 제 친구에게 저는 한심한 여자로 보일 거예요."

　연희의 생각과 달리 심리상담 전문가는 효진에게도 연희와 같은 크기의 마음속 외로움이 있을 거라는 답을 해주었다. 연희는 의외였지만, 곧 심리상담 전문가의 말에 수긍할 수 있었다.

　"마음에 쌓아둔 억압된 감정들은 누구를 만난다고 저절로 사라지지 않아요. 효진 씨의 경우 자신은 늘 쿨해야 한다고 생각하고 그래야 문제가 심각해지지 않는다고 믿었던 것 같아요. 항상 가벼운 마음으로 연애를 하다보니 만남에 있어 최선을 다하지 않았고 진심을 잘 보이지 않았기에 상대의 진심조차 보려 하지 않았을 거예요. 하지만 이러한 만남은 쿨하지만 불행한 관계라고 할 수 있어요. 관계가 사슬의 고리처럼 이어져 있을 뿐이지요. 사랑의 감정은 빠져 있어요."

　치유 없이 외로움을 줄여나가는 것은 불가능하다는 말에 연희는 많은 생각이 들었다. 점차 안개가 걷히는 듯한 느낌도 들었다. 연희는 왜 자신이 그토록 힘들었는지 비로소 알게 됐다. 자신도 친구 효진도 해소하지 못한 무언가가 있었던 것이다.

연인에게서
부모의 사랑을
바라고 있지는 않나요?

기본적으로 연애를 시작한 연인들의 상태는, 엄마와 한 몸인 태아의 상태와 비슷합니다. 엄마가 나이고 내가 엄마였던 시절, 아이는 모든 것이 가능하고, 모든 것이 평화로운 느낌을 받게 됩니다. 이 세상의 주인공이 되고 주인이 된 듯한 황홀한 감정도 느끼게 됩니다. 이 모든 감정의 총합이 인류로 하여금 사랑을 포기하지 못하게 하는 것인지도 모르겠습니다.

연인들의 특징은 부모와 떨어지지 못하는 아이들처럼 서로를 파고들며 한시도 떨어지지 않으려고 애를 쓴다는 것입니다. 그러면서 무의식적으로 상대가 완벽한 엄마, 완벽한 아빠가 되어 주길 원하기도 합니다. 이것이 과하거나 오래 지속되면 갈등이 시작됩니다.

통상적으로 초기에 짜릿했던 연애의 감정은 그리 오래 지속되지 않습니다. 2~3년이 지나 뇌에서 분비되는 호르몬이 점차 줄어들면 완전히 하나인 줄 알았던 그 혹은 그녀가 나와는 다른 사람인 것을 알게 됩니다. 일부는 이후에도 상대가 자신과 똑같은 감정을 느끼고 똑같은 생각을 하길 원하지만 상대방은 그렇지 않습니다. 그 사실을 알았을 때 연인은 사랑에 속고 배신을 당한 기분이 들기도 합니다. 관계가 위태로워진 것에 대해 분노와 실망도 느낍니다. 이렇게 서로의 차이를 이해해 주지 않는 연인 관계는 곧 세상에서 가장 피곤한 관계가 됩니다.

'상처받지 않기 위한 본능'은 상대방이 나의 감정을 해치지 않는 안전한 사람인지 끊임없이 확인하게 합니다. 그리고 집착은 '이래도 나를 사랑해 줄 거야?' 하는 상대를 간보는 행동으로 변질되기도 합니다. 애초에 상대방에게 한결같은 애정과 관심을 갈구하지 않았다면 집착도 하지 않았을 것입니다. 진심을 확인하기 위해 시험도 하지 않았을 겁니다.

안정형 애착을 형성하지 못한 사람은 양육자로부터 충분한 관심과 사랑을 받지 못한 보상심리로 연인 관계에서 그 결핍을 채우려 합니다. 아주 심한 결핍을 가진 사람은 대등한 관계에서 서로 사랑을 주고받는 것이 아닌, 일방적으로 사랑을 받기만을 바라기도 합니다. 상대에게 최악으로 행동하면서도 변함없는 애정을 원하는 것이 특징입니다. 그러면서도 늘 자신이 하는 행동에는 이유가 있다며 정당성을 부여합니다. 상대방에 대한 지침과 기준도 자신이 정해놓습니다. '내가 이렇게 말했을 때 너는 이렇게 행동해야 돼. 그렇게 말하면 안 돼.' 이 기준을 갖고 끊임없이 상대방의 말과 태도를 지적합니다. 상대가 그 기준에 미치지 못할 경우에는 "역시 남자는 다 저래" 또는 "여자는 다 똑같아"라고 말합니다. 상대방이 조금만 소홀한 것 같으면 곧바로 '애정이 식어서 그럴 거야'라고 단정짓고 병적인 슬픔과 외로움 상태로 빠져듭니다. 어떤 상황에서 헤어지면 상대는 가해자 자신은 피해자라는 프레임을 씌우기도 합니다.

그러면 이를 받아들이는 상대의 마음은 어떨까요? 객관적으로 연인은 각기 다른 사람의 조합입니다. 세상에 엄마와 아이처럼 한 몸인 이들은 없습니다. 호르몬에 의해 일시적으로 사랑이라는 환각에 빠졌을 뿐, 가치관도 다르고 생각도 다른 타인입니다. 나는 평소의 모습으로 돌아왔을 뿐인데, 상대가 이제 사랑이 끝났다고 좌절하거나, 사랑이 시작됐는데 어느 순간 자신의 감정을 정리하고 냉정하게 돌아선다면 어떤 반응을 보이게 될까요? 연희를 바라보는 민호처럼 무척이나 당혹스러울 것입니다.

어쩌면 우리는 끝없이 내게 부족했던 사랑을 무의식적으로 찾아 헤매느라 많은 대가를 지불하고 있는지도 모릅니다. 때문에 우리는 연애를 시작할 때 그리고 사랑을 이어갈 때 자신의 마음 깊숙한 곳을 의식해볼 필요가 있습니다. 자신이 연인에게 기대하는 것에 대한 통찰이 생기면 상대와의 대화를 통해 더욱 성숙한 연인으로 발전할 수 있습니다.

덧붙어 감정과 삶은 적당하게 균형이 맞아야 합니다. 감정에 몰두해서 현실을 살지 못하거나, 현실에 집중하느라 자기감정에 충실하지 못한다면 삶의 균형이 흔들릴 수밖에 없습니다. 사랑과 삶이 균형을 맞출 수 있도록 노력할 필요가 있습니다.

나와 남에 대한
사랑의 프레임
4가지

사랑과 실연에 대처 방식은 사람마다 다르다. 하루에도 몇 번씩 감정이 오르내리며 감정의 지배를 받는 사람이 있는가 하면, 감정을 차단한 채 감정이 없는 사람처럼 사는 이도 있다. 이러한 차이는 나와 남에 대한 사랑의 프레임에 의한 결과이기도 하다.

　일반적으로 사람들이 갖는 사랑의 프레임은, 양육자와의 애착 형성에 따라 크게 4가지로 구분된다. 우리 대부분은 안정형, 몰입형, 회피형, 불안형 이 4가지 프레임에 속한다. 회피형은 거부-회피형과 두려움-회피형으로 다시 세분화 된다. 이 같은 나와 남에 대한 사랑의 프레임에 따라 연인 관계도 다른 양상을 띠게 된다.

1) 안정형: 자기 긍정&타인 긍정

안정형 애착을 형성한 사람들은 어렸을 때부터 부모와 친밀한 관계를 맺어온 특징을 갖고 있다. 부모는 서로 사이가 좋은 모습 속에서 자녀가 무엇에 관심이 있는지 살피고, 자녀를 존중하며, 그들이 사랑받고 있다는 것을 자연스럽게 깨닫게 한다. 또 자녀가 겪게 되는 어려움을 적극적으로 공감하며 정서적인 안정감을 부여한다.

안정형 애착의 부모들은 자신들의 자녀가 어떤 성향의 아이인지 이해하면서 그 성향에 맞춰 아이들을 양육한다. 성향의 장점은 살려주고 단점은 보완할 수 있도록 대화로 자녀의 마음에 다가간다. 그 결과 아이들은 크고 작은 문제들에 부딪힐 때 쉽게 무너지지 않으며 상황을 낙관적으로 받아들일 수 있게 된다. 또한 성인이 된 이후에도 원만한 대인관계를 유지하며 연인관계에 있어서도 신뢰를 바탕으로 건강한 애정을 형성한다. 그들은 자녀들에게도 자신들이 부모에게 받았던 것과 똑같이 안정적이고 일관된 훈육법을 적용한다.

이 유형의 사람들은 다른 사람들과 정서적으로 쉽게 가까워지는 편이다. 상호 건강하게 의존할 줄 알고 타인과의 관계를 편안하게 느낀다. 혼자 지낼 때도 특별히 외로워하거나 걱정하지 않는다. 그러다 다른 사람들과 자연스럽게 교류하며 편안한 관계를 유지하게 된다.

안정형 애착을 형성한 사람들은 갈등 앞에서 자연스럽게 이런 대화법으로 말한다.

"난 우리가 이 문제를 잘 해결해 나갈 수 있다고 생각해."

"네가 나한테 그런 서운한 감정을 느꼈다는 걸 이제 알겠어. 충분히 그럴 수 있을 것 같아. 원래 뜻은 그런 게 아니었는데, 내가 오해할 소지를 준 것 같아."

2) 몰입형: 자기 부정&타인 긍정

불안정 애착의 유형인 몰입형 애착의 경우, 경제적인 문제, 심리적 문제 등 스트레스가 많은 가정 속에서 자랐을 수 있다. 그러면 부모들은 상대적으로 아이들에게 관심을 덜 기울일 수밖에 없고 안정적인 양육 환경을 제공하기도 어렵다. 또한 불행한 상황에 놓인 부모 역시 서로 말을 안 하거나 싸우는 등 아이에게 불안을 주기도 한다.

지나치게 자녀에게 엄격하고, 비난을 쉽게 하는 부모는 아이에게 충분히 사랑받고 있다는 느낌을 주지 못한다. 그 결과 어떤 아이들은 부모의 힘든 상황이 자신 때문이라고 오해하며 죄책감을 갖고 자라게 된다. 사회에 나가서도 사람들과 친밀한 관계를 갖는 것을 불편해하며 늘 어려운 과제거리로 여기기 쉽다. 작은 문제에도 좌절하며 실패와 절망을 더 익숙하게 여기는 경향이 있다.

몰입형 애착을 가진 이들은 세상을 긍정적으로 본다는 것이 어떤 것인지, 다른 사람들과 건강한 관계를 어떻게 맺을 수 있는지 그 방법을 모르거나, 방법론 자체에 대한 인식을 못하는 경우가 많다. 이것은 그들의 배움이나 인지영역에 문제가 있다는 뜻이 아니라, 실제적으로 가족 관계에서 접해보지 못했기 때문에 건강한 관계가 낯선 영역으로 비치는 것이다.

자신에게는 한없이 엄격한 기준을 제시하고 비하하면서, 타인은 부러워하며 우러러보게 된다. 그래서 계속 타인과 자신을 비교하며 자신감을 잃게 되고, 스스로를 부끄럽게 여겨 누구에게나 주눅든 모습을 보이게 된다. 그리고 자신이 남들을 소중하게 생각하는 만큼 남들이 자신을 소중하게 여기지 않을까봐 늘 걱정하고 불안해하기도 한다. 때로는 과도한 친밀감을 요구하기도 하고 지나치게 의존적이 되기 쉽다.

이 유형의 사람들은 늘 이런 투로 자신을 표현하게 된다.

"내가 하는 일이 다 그렇지. 어쩐지 일이 잘 풀린다 했어."

"저 사람이 날 어떻게 생각할까? 자기 기준에 한참 못 미친다고 생각하겠지?"

3-1) 거부-회피형: 자기 긍정&타인 부정

거부-회피형 사람들은 아주 독립적인 특성을 갖는다. 그러나 타인과의 관계 맺기는 불편하게 생각한다. 가까운 관계나 정서적인 관계를 맺는 것을 불편해 하고 자신이 남들에게 의지하는 것도 싫어한다. 남들이 자신에게 의지하는 것도 좋아하지 않는다.

이 유형은 나르시시즘(자기애적 성격장애)처럼 보이기도 한다. 자신을 지나치게 긍정하며 타인에게 부정적이기 때문에 타인에게 곁을 두지 않고 관계의 단절을 통해 스스로를 소외시키기도 한다.

그러나 자신에게는 지나치게 우월감을 가지기 때문에 대부분의 사람들이 피하는 대상이 되어 고통을 겪기도 한다.

3-2) 두려움-회피형: 자기 부정&타인 부정

두려움-회피형은 어린 시절 부모와 정서적으로 단절되어 있거나 지나치게 간섭이 심한 부모로부터 양육 받은 사람들에게서 나타난다. 남들과 가까워지면 편안하지 않지만, 다른 사람의 무관심이나 정서적 거리와 단절을 느꼈을 때도 심리적으로 큰 고통을 느끼게 된다.

또한 정서적으로 가까운 관계를 원하기는 하지만 남들을 완전히 신뢰하거나 친밀해지기는 어렵다. 남들과 가까워지면 자신이 상처를 받을까봐 두렵기 때문이다.

거부-회피형, 두려움-회피형은 뭔가를 자신의 방식대로

하지 않으면 안 될 것 같은 강박 증세를 보이는 경우가 많다. 그래서 때로 필요 이상의 부담감을 갖고 자신을 압박하는가 하면, 갈등 앞에서 쉽게 자신감을 잃고 도망쳐버리기도 한다. 문제와 맞닥트리면 허약한 내면을 그대로 드러내고 만다.

두 유형은 자신과 타인의 감정을 느끼지 못하거나 외면하기도 한다. 따라서 자연스럽게 생기는 감정에 대해서도 적절히 반응하지 못하고 억압해 놓는다. 억압된 감정들은 분노, 불안, 신체적 학대 등 파괴적인 방법으로 표출되기도 한다. 그들 중에는 변덕이 심한 사람들도 있고, 누구든지 아예 대면하지 않거나 혹은 극단적으로 집착해 상대방을 자신의 고통 속에 빠트리는 사람들도 있다. 집착하는 것과 정반대로 상대방의 관심이나 애정, 친절에도 철저히 무관심하고 무심한 반응을 보이기도 한다. 결혼을 하고 자녀를 낳은 뒤에도 올바른 양육방법이 아닌, 자신의 괴로움을 표출하는 식으로 관계를 악화시킨다. 배우자로서, 부모로서의 책임감도 부족하다.

회피형의 사람들은 다소 극단적인 사고를 하는 경향이 있으며, 자신을 깎아내리고 타인을 멸시하거나 집착하는 말을 하기도 한다.

"다른 사람들은 다 이기적이고 계산적이야."

"나한테 다가오지 않았으면 좋겠는데."

"네가 나랑 헤어지면 죽어버릴 거야."

회피형 사람들은 안정적인 정서를 찾고 유지하기 위한 노력이 필요하다.

4) 불안형

불안형은 정서적으로 가장 힘들게 성장한 사람에게서 드러난다. 학대나 깊은 상실을 경험한 경우, 부모가 알코올중독인 경우, 어린아이가 감당하기 힘든 고통을 겪게 되었을 때 나타난다.

이런 사람은 대인관계에서 심한 혼란을 자주 느끼며 친밀한 관계에서도 안정감을 느끼지 못한다. 또한 새로운 대인관계를 맺을 때 극심한 불안을 느껴 가능한 관계를 맺지 않으려고 한다. 혼자 있고 싶어 하지만 막상 혼자 있으면 고독함을 견디기 힘들어 한다. 이러지도 저러지도 못하는 심리적 혼란을 겪으며 마음의 고통과 분노를 쉽게 느낀다.

이 유형의 사람들도 치유가 시급하다. 마음의 고통이 병적으로 진행되었을 가능성이 매우 높기 때문에 그런 자신을 인정하고 받아들인 후에 치유를 위해 노력해야 한다.

나와 타인에 대한 사랑의 4가지 프레임은 연애에도 많은 영향을 미친다.

첫 번째 안정형의 경우, 양육자와 안정적인 애착을 형성한 사람들은 사랑하는 사람과의 관계를 건강하고 긍정적으로 유지할 수 있다. 그들은 친밀하면서도 서로의 심리적 공간을 존중해주는 균형적인 관계를 유지한다. 또한 그들 스스로 사랑받을 만한 가치가 있다고 생각한다.

예를 들어, 연인 사이에 사소한 말다툼이 생겼을 때 안정형 사람들은 대화로 오해를 풀어나간다. 섣불리 자신의 서운한 감정을 앞세워 상대방의 기분을 해치지 않는다. 그들은 기본적으로 차분한 대화를 통해 문제를 해결해 나갈 수 있다는 믿음을 갖고 있으며 둘 사이의 관계 역시 그러한 신뢰를 바탕으로 이루어졌다고 생각한다. 서로를 긍정적으로 생각하고 또 믿기 때문에 만날 때나 이별할 때 감정이 극단적으로 치우치지 않을 수 있다.

두 번째 몰입형은 자신을 무가치하게 여기는 반면, 타인을 긍정적으로 생각한다. 그래서 연인과 친밀함을 넘어 의존적인 관계가 된다. 조금만 방심해도 상대가 나를 사랑하는 마음이 변할까봐 쉽게 불안을 느끼기 때문이다. 또한, 상대방이 나에 대해 느끼는 감정을 혼자 쉽게 판단하고 해석하기 때문에 필요 이상의 불안과 집착을 보인다. 상대방의 반응에 따라 행동과 감정이 즉흥적으로 변하며 일부러 질투를 유발하기도 한다.

예를 들어, 남자친구나 여자친구가 잘 연락이 되다가 갑자기 답을 하지 않을 때 쉽게 기분이 상한다. 혼자 있는 자신을 두고 뭘 하고 있는 건지, 누구를 만나는 건지에 대해 온갖 추측을 하는 동안 자신을 비참한 기분 속에 둔다. 또한 연인의 애정과 관심이 식을까봐 걱정을 하면서도, 정작 다시 연락이 오면 일부러 답을 하지 않는 등 일관적이지 않은 행동을 하기도 한다. 그러한 행동이 관계에 있어 문제라는 것을 모를 수도 있고, 아는 경우에도 그러한 행동을 잘 바꾸지 못하는 경향이 있다. 불안을 털어내기 위한 수단이 오히려 불안을 증폭시키는 빌미로 작용하기도 한다.

세 번째 거부—회피형은 자신은 가치 있게 여기는 반면 타인에 대해서는 부정적으로 생각하기 때문에 친밀감을 경계하고 타인으로부터 자신을 보호하려는 경향이 있다. 이 경우의 사람들은 연인 사이의 친밀감 및 애착의 감정을 경계한다. 연인과의 관계가 자신의 독립적인 영역을 침범한다고 느끼기 때문에 누구든 갑자기 다가오는 것에 대해 불편함을 느낀다. 4가지 유형 중 감정을 억압하는 경향이 크며 특정 관계에 얽매이는 것을 힘들어 한다.

남녀 사이에서도 확실한 애인 사이보다는, 다소 애매한 관계를 선호하며 불편하지 않을 만큼만 가까워지는 것에 익숙하다. 왜냐하면 이들은 굉장히 친밀한 관계를 불필요하다고 느끼기 때문이다. 따라서 만약 상대방이 너무 친밀감을 요구할 경우 어디론가 숨어버리거나 거부할 수 있다.

네 번째 두려움—회피형은 자신을 사랑받을 수 없는 존재로 여기는 동시에 타인 역시 신뢰할 수 없는 존재로 받아들인다. 때문에 타인과 친밀감을 형성하는 것을 거부하고 회피하려는 경향이 있다. 스스로의 감정을 억누르기 때문에 자신의 감정에 대해 잘 모를 수도 있고 정확히 그것이 무엇인지 확인하려는 욕구도 적은 편이다. 그래서 애정에 있어서도 자신의 감정을 확신하기 어렵다. 이 경우, 인간관계가 형성되기 어렵다. 자신도 타인도 신뢰하지 못하며 모든 상황과 타인을 두려워하기 때문에 피하려고만 한다.

외모에 대한
불만

성형수술을
하면
제가
예뻐질까요
?

올해 고등학생이 된 지원은 〈마이 매드 팻 다이어리My mad fat diary〉라는 영국 드라마에 빠져 있다.

"그 드라마에는 몸무게가 100kg이 넘는 소녀 레이가 나오는데요, 학교 최고의 인기남 핀과 사귀게 되거든요. 그게 너무 흥미진진해요."

사실 드라마의 레이는 요즘 10대들이 좋아할 만한 인기녀는 아니다. 자신의 비대한 몸에 대해서도 다양한 상상을 한다. 몸 전체에 있는 지퍼를 열어 알맹이를 꺼낸 후 몸을 불태우는 상상을 하기도 한다. 자신의 몸에 대한 레이의 혐오는 상상 이상이다. 때로 스트레스를 감당하지 못해 폭식을 하고 자해를 하는 등 정신적으로 불안정한 모습을 보이기도 한다. 한국적 정서로는 감당하기 어려운 부분도 없지 않다. 그럼에도 지원은 주인공 레이와 자신을 동일시하며 카타르시스를 느끼고 있다.

"겉으로 보기에 레이는 다른 사람을 전혀 신경 쓰지 않는 것처럼 쿨하지만 사실 다른 사람 앞에서는 음식을 먹지 못할 만큼 소심해요. 저랑 비슷한 면이 많아요. 레이의 엄마와 아빠는 이혼을 해서…."

드라마에 심취한 지원의 이야기 덕에 상담시간은 꽤 오래 길어졌다.

●

"사람들이 널 거부할까 봐 걱정하면서 살지 마. 너 자체를 인정해주지 않을 거면 꺼지라고 해."

지원은 드라마 속 레이의 상담선생님이 해준 이 말에 작은 용기를 얻었다. 하지만 레이가 계속 세상이 요구하는 조건들을 의식하며 살게 되듯, 지원 역시 자신의 외모에 대한 고민을 떨쳐내지 못하고 있다.

지원은 드라마 속 레이처럼 거구는 아니었지만 스스로를 못생겼다고 생각했다. TV속 연예인들처럼 눈도 크지 않고, 코도 충분히 오똑하지 않았다.

"반 친구들 중 몇 명은 빨리 방학이 와서 쌍꺼풀 수술을 했으면 좋겠다고 노래를 부르거든요. 저도 성형수술을 해보고 싶은데 고민이에요. 광대뼈만 좀 깎아도 훨씬 얼굴이 작아 보이고 예쁠 텐데….”

자신의 외모를 당당하게 받아들인 드라마 속 레이와 달리, 지원은 결코 있는 그대로의 모습을 인정할 수 없다. 조금 더 날씬해지고, 조금 더 예뻐져야 한다고 생각한다. 조금만 더 예뻐지면 친구들 사이에서도 인기가 많고 자신감도 더 생길 것 같다는 생각에서다.

“사랑받기 위해선 무조건 예뻐져야 해요.”

고작 10대임에도 지원의 생각은 완고한 철옹성 같다.

●

지원은 친구들로부터 ‘답정너(답은 정해져 있고 너는 대답만 하면 돼)’라는 별명으로 불린다.

이유는 지원이 친구들에게 수시로 “나 어때? 못생겼지?”라고 묻기 때문이다. 처음에 친구들은 “아니야, 너 정도면 뭐…”라는 대답을 해주었지만 대답을 들은 지원의 표정이 왠지 이상했다. 지원은 “예쁘다”는 말을 한 번이라도 듣고 싶었다. “너 정도면 괜찮아”, “에이, 손 댈 정도는 아니야”로는 성에 차지 않았다. 어느 날부터 친구들은 “너 예뻐!”라는 답을 해야 지원의 표정이 밝아진다는 것을 알았다.

그런데 환해진 표정과 달리 지원의 입에서 나온 말은 매우 딴판이었다. "나 진짜 혐오스럽게 생겼지? 어떻게 이딴 얼굴로 사냐?"라며 칭찬을 격렬하게 거부하는 식이다. 예쁘다고 해도, 안 예쁘다고 해도 문제인 지원에게 친구들은 짜증 섞인 감정을 담아 '답정너'라는 별명을 붙여주다. 지원은 자신의 외모 때문에 답정너가 된 것이 속이 상했다.

어느 날 거울을 보던 지원은 옛날 생각을 떠올렸다.

새 원피스를 입고 엄마에게 "나 어때?"라고 물었다. 지원이 듣고 싶던 대답은 "우리 지원이 공주처럼 예쁘네"였다. 그러나 그런 답은 돌아오지 않았다. 엄마는 처진 입 꼬리를 내보이며 고개만 끄덕일 뿐이었다. 지원은 엄마의 표정에 '그런 걸 입혀놔도 어떻게 저렇게 안 예쁘지' 하는 대답이 담겨 있는 것 같았다.

"그래, 엄마는 나한테 한 번도 예쁘다는 말을 해준 적이 없어. 다른 친구들 엄마는 내 새끼가 제일 예쁘다면서 칭찬도 많이 해준다는데….."

지원은 실망한 얼굴로 거울을 들여다보던 지난날들을 떠올렸다. 문득 거울을 보니, 자신이 정말 한 순간도 예쁜 적이 없던 아이로 느껴졌다.

"레이는 여전히 뚱뚱하고 고집이 센 소녀지만 몸무게와 상관없이 행복할 수 있다는 사실을 깨달았어요. 그런데요 선생님, 저는 아직 잘 모르겠어요."

드라마 속 레이는 처음에는 자신을 진심으로 아껴주는 핀과 사귀게 되어 기뻤지만, 시간이 지나면서 핀의 작고 예쁜 전 여자친구와 자신을 끊임없이 비교하고 주변의 눈치를 보아야 했다. 그리고 자기자신을 수시로 괴롭혔다. 레이는 핀의 진심을 믿지 못했고, 겉으로는 누구보다 강한 척했지만 실은 누구보다 겁이 많았다. 어떻게 하면 다른 사람들이 자신을 좋게 볼까, 다른 아이들의 무리에 끼기 위해서 어떻게 해야 될까를 끊임없이 신경썼다. 급기야 심리상담 전문가를 찾아가 자신을 병원에 입원시켜 달라고까지 했다.

"난 좋아지지 않을 거예요. 왜냐하면 난 미쳤으니까요. 나는 뚱뚱해요. 나는 뚱뚱해요…."

몸무게가 세상에 받아들여지기 위한 조건이 될 수 없다는 것을 깨닫기까지 레이에게는 상당한 시간이 필요했다. 그런 드라마 속 레이를 지켜보며 자신도 상담을 받으면 나아질 수 있을까 하는 생각으로 지원은 상담실을 오게 된 것이었다.

여러 가지 검사에서 지원은 우울 지수가 높고, 대인기피증과 대인불안증도 함께 가지고 있는 것으로 나타났다. 자신이 예쁘지 않기 때문에 결코 행복할 수 없고 누구도 좋아하지 않을 거라는 잘못된 믿음을 가지고 있었다. 드라마의 결말은 세상의 조건에 맞추는 것이 반드시 행복에 이르는 길은 아니라고 이야기하지만, 지원은 자신만큼은 세상의 조건에 맞는 사람이길 바라고 있었다.

상담이 시작되고 지원은 자신이 못생겼다고 생각하고, 자신을 혐오하던 상처들을 들여다볼 수 있게 됐다. 그리고 드라마 속 레이처럼 자신을 받아들일 수 있을 때까지, 누군가의 평가에 마구 흔들리는 마음을 추스를 수 있을 때까지, 최선을 다해 자신을 찾는 여행을 계속해보겠다고 다짐했다.

예뻐야
사랑받을 수 있는 것은
아닙니다

세 살이나 네 살 무렵의 아이들은 자기자신의 모습에 대해 크게 신경 쓰지 않습니다. 그러다 점점 나이를 먹고 나와 남에 대한 구분과 의식이 생기면서 외모에 대한 평가도 시작됩니다. 유치원생이 되고 초등학생이 되면서 자신과 다른 아이들을 자꾸 비교하고 '나는 못생겼구나', '나는 뚱뚱해'라며 자신의 몸을 싫어하게 됩니다.

외모에 대한 열등감은 처음에는 부모님으로부터 오는 경우가 많습니다. 지원의 엄마가 딸의 존재 자체를 긍정해주고 진심으로 예뻐하는 표현을 많이 해주었다면 지원은 현재와 다른 모습으로 자랐을 가능성이 큽니다. 최소한 자신의 모습을 혐오하는 지경에까지 이르지는 않았으리라 생각됩니다.

부모들은 자식을 흔히, '눈에 넣어도 안 아픈 내 새끼'라고 표현합니다. 실제의 외모와는 무관하게 자신에게만은 귀한 아이라는 것을 이야기하는 것입니다. 그런데 부모들의 표현방식은 성향에 따라 차이가 있습니다. 속 깊은 사랑을 잘 표현하는 부모가 있는가 하면, 표현을 제대로 못하거나 오해를 불러일으킬 수 있는 피드백을 주는 부모도 있습니다.

지원의 이야기를 종합해보면 분명히 지원의 엄마는 세상 어떤 아이보다 자신의 딸을 예쁘고 사랑스러워 했을 것입니다. 하지만 고지식하고 이성적인 성격 때문에 딸이 어떤 말을 듣고 싶어 하는지 중요하게 생각하지 않았고 세심하게 배려해주지도 못했습니다. 그래서 지원은 엄마가 자기를 예쁘게 생각하지 않는다고 생각했고, 친구들에게 끊임없이 자신의 외모를 확인받으려 했습니다. 그럼에도 막상 친구가 예쁘다고 대답하면 극구 부인했던 것은 100번, 1,000번 같은 말을 반복해주길 바라는 간절함 때문이었을 것입니다. 지원의 마음에는 부어도 부어도 바닥이 드러나는 결핍의 항아리가 들어차 있었습니다.

요즘은 중학생만 되어도 약간의 화장을 해서 결점을 커버한다고 합니다. 고등학교를 졸업하고 본격적으로 화장을 하기 시작하면 피부와 눈코입을 조금씩 더 예쁘게 보이도록 애를 씁니다. 과하지 않은 화장은 다른 사람에게 예의 있는 모습으로 비치고 스스로의 자신감도 높여줍니다. 화장을 하고 예뻐 보이는 것을 속임수라고 생각하는 사람은 없습니다. 화장을 조금 더 자연스럽고 화사하게 하는 법을 배워서 잘 하면 자기 만족이 됩니다. 그것이 나쁜 것은 아닙니다.

그런데 화장을 하는 사람 중에는 화장을 안 한 얼굴은 자기 얼굴이 아니라고 생각하는 사람들도 있습니다. 그래서 화장을 지운 얼굴을 남에게 보이는 것을 극도로 꺼려하고, 집 앞 편의점에 물건을 사러갈 때도 화장을 하고 나갑니다. 화장한 얼굴도, 화장을 지운 얼굴도 모두 자기자신이라는 점을 받아들이면 좋겠습니다.

세상에는 성형수술에 대한 찬반이 많지만 중독만 아니라면 모두가 괜찮습니다. 눈이 단춧구멍만큼 작다고 생각하거나, 코가 납작해 안경도 걸칠 수 없다고 생각해서 이를 고치고 싶다면 성형수술을 해도 괜찮습니다. 엄청난 콤플렉스를 해소할 수 있는 기회가 되기도 합니다.

그러나 사랑을 받기 위해서 원하지 않는 선택을 하지는 말기를 바랍니다. 예뻐져야만 사랑받을 수 있는 것은 아닙니다. 예뻐진다고 해서 저절로 사랑이 채워지는 것도 아닙니다. 이전보다 예뻐졌다고 많은 사람들이 사랑을 채워줘서 내 안의 사랑이 충만해지는 일은 결코 없습니다. 충분한 사랑을 받지 못해 '더 예뻐지면 더 사랑받을 거야'라는 생각은 잘못된 생각입니다.

모든 중독의 뿌리에는 애정결핍이 있습니다. 애정을 갈구하는 노력이 무의식적으로 계속 되다보니 중독으로 발전합니다. 성형중독 뿐만 아니라, 일중독, 성중독, 관계중독, 종교중독, 알코올중독…. 그 모든 중독이 오래 전 충분히 채워지지 않은 사랑의 결핍에서 온 것들입니다. 부족한 사랑을 채우기 위해서는 현재의 자기자신을 있는 모습 그대로 받아들여주고 사랑해주어야 합니다. 자신을 진심으로 사랑하는 사람이 된다면 세상의 가치기준에서 조금은 물러날 수 있습니다. 깨달음과 성찰을 통해 무의식적인 중독에서 벗어나 내 안의 사랑을 키울 수 있습니다.

내가 느끼는
감정의
진짜 이름 알기

자신이 느끼는 감정의 진짜 이름을 모른 채 살아가는 것은 안타깝고 불행한 일이다. 사랑하는 사람에게 화를 내고, 행복을 주는 이들에게 짜증을 내고, 자신을 감싸주는 이들에게 폭력적인 언사를 하는 경우가 대표적이다. 대부분의 부정적인 감정은 정당한 표현이 아니라, '사랑받고 싶다'는 또 다른 표현일 수 있다. 성숙하지 못한 채 어른이 되면 "내게 관심을 갖고 사랑을 주세요"라는 말 대신 끊임없이 짜증을 내거나 분노로 감정을 표현하게 된다.

일례로 분노조절장애를 겪는 이들은 대부분 애정결핍, 애착 문제를 겪고 있는 사람들이다. "J가 미워 죽겠어"라는 말은 "J에게 사랑받고 싶어. 인정받고 싶어"로 해석할 수 있다. 특정한 사람이 별다른 이유도 없이 너무 밉다는 것은 역설적으로 그에게 사랑받고 싶다는 뜻이다. 사랑의 반대말은 증오가 아닌 무관심이다. 증오의 감정이 있다면 사랑에 대한 갈급함이 남아 있는 것이다. 그 혹은 그녀의 마음속에 '내가 어떤 모습이든 너는 나를 사랑해야 돼. 근데 왜 나를 사랑해주지 않는 거지? 왜 자꾸 날 짜증나게 해?'라고 외치는 아이가 있을 수 있다.

만일 주변에 주로 짜증과 화로 감정을 표현하는 성인이 있다면, "너 화를 자주 내는 것 같아"라며 차분히 자신을 인식시켜주는 것이 필요하다. 말을 해주지 않으면 자기자신이 그런 사람인지 영원히 모를 수도 있다. 그런데 만일 인지를 제대로 시켜주었음에도 "내가 언제 화를 냈다고 그래?"라며 더 많은 화를 낸다면 그의 내면에 상처와 결핍이 매우 곤고하게 자리를 잡고 있다고 이해해야 한다.

다음으로 자신의 짜증과 화를 인지하고 이를 줄여보고자 한다면 자신이 느끼는 감정의 진짜 이름을 알아가는 과정이 필요하다. 오랫동안 자신의 진짜 감정을 감추고 살아서 진짜 감정을 알아차리기가 어렵다면 전문가의 도움을 받을 수도 있다.

진짜 감정 알아내기의 첫 번째 단계는 거짓 감정과 거짓 욕구를 구분하는 것이다. 거짓 감정은 애착 문제가 심할 경우에 나타나는데, 주로 모든 사람이 자신을 사랑해야 행복해진다는 생각에서 비롯되곤 한다. 그런 사람들은 주위에 있는 모든 사람이 매 순간 자신을 인정해야 비로소 안심이 된다. 만약 그 중에 한 사람이라도 감정을 건드리거나 힘들게 하면 해결되지 않은 이슈가 불같이 일어나서 순식간에 고통에 빠진다. 이때의 불같은 감정은 잘못된 욕구에서 일어나는 거짓 감정이다.

다음으로 나를 둘러싸고 있는 주위의 사람들을 정확히 인식하는 것이 필요하다. 하루에 얼마나 화를 내는지, 얼마나 불평을 하는지를 돌아보면서 '아 내가 지금 필요 이상으로 화를 내는구나. 짜증을 안 내도 되는 상황인데 왜 그렇게 반응했지?' 라고 인식할 필요가 있다. 사람들은 모두 다양한 성격을 갖고 있으며 다양한 환경에서 자라서 다양한 가치관을 갖고 있다는 사실을 인식하고 매 순간 인정해야 한다.

이어서 나에게 어떤 문제가 있는지 돌아보아야 한다. 주위 사람들이 하는 이야기를 감정적으로 내 안에 끌어들이지 말고 이성적으로 판단하는 연습이 필요하다. 우리는 누구나 상처를 받으면 쉽게 감정적이 된다. 상처를 받는 순간, 그 순간의 통증이 강렬하기 때문에 이성이 마비되어 정확한 판단과 반응을 하지 못하기 때문이다. 동시에 모든 사람이 나를 상처주고 있다는 거짓 인식, 거짓 감정에 휩싸이면 별것 아닌 것에도 계속 상처를 받게 된다. 스스로 고통에 고통을 가중시키는 일이 벌어진다. 그 결과 자기자신을 자책하고 비하한다. 그렇게 고통의 강도가 더 세지는 것이다.

자신의 정확한 감정과 욕구를 찾기 위한 노력은 한 동안 계속 되어야 한다. 감정을 흘러가는 대로 내버려두면 감정과 욕구를 조절할 수 있는 주체적인 능력을 잃어버리기도 한다. 잘못된 인식이 습관화 되면 무엇이 옳은지 그른지, 무엇이 진짜인지 거짓인지 구별할 수 없게 된다. 자신이 가진 편견을 찾아내고 인정하기 위해서는 끊임없는 자기 탐색과 성찰과 깨달음이 필요하다. 이렇게 문제를 깨닫고 자기감정에 맞는 이름을 붙여주는 과정을 통해 치유와 변화의 도약이 시작될 것이다.

인간관계

0
6

작은
지적에도
강한 수치심을
느낍니다

수철은 회사에서 '의사소통이 원활하지 않은 사람'으로 통한다. 같은 이야기를 해도 수철만 다르게 듣기 일쑤이다. 그러다보니 사람들의 오해를 사는 경우도 종종 있다.

"수철 씨는 생각이 너무 깊어서 그런지 일처리가 좀 늦은 것 같아."

상사의 말 한마디에 수철은 온 신경이 곤두섰다.

"제가 예민하다고요?"

상한 기분을 여과 없이 쏟아내자 상사 역시 기분이 좋지 않았다.

"내가 언제 예민하대? 조금만 더 빨리 일처리를 해달라는 거지, 오늘 보고서도 늦었잖아."

이처럼 수철은 작은 지적에도 강한 수치심을 느껴 얼굴이 화끈거릴 만큼 화를 내는 경우가 많았다. 누군가 자기를 비꼬는 것처럼 느껴지기도 했다. 일에 대한 지적과 개인에 대한 지적을 구분하지 못한다는 이야기도 들었다. 직장에서 수철은 업무에 대한 지적을 개인적인 공격으로 받아들여 화를 내는 경우가 많았다. 당하는 입장에서는 길을 가다 난데없이 찬물을 뒤집어쓴 격이었다. 수철을 가까이 하기를 꺼렸다.

●

수철은 사건이 벌어지고 한참 후에야, 감정을 내려놓고 주변 상황을 돌아볼 수 있게 되었다.

그날도 수철은 업무시간 내내 기분이 좋지 않았다. 상사에 대한 오해는 쉽게 풀리지 않았고, 자신이 모르는 나쁜 의도에 휘말린 것 같아 마음이 찜찜했다. 결국 집으로 돌아와 일기장에 상사 욕을 한 페이지 넘게 적었다. 그러다 문득 '그 짧은 말이 뭐라고 이렇게 내가 열이 받았지?'라는 생각을 하게 됐다. 비로소 마음이 차분해지고 다른 생각들도 할 수 있게 됐다.

'우주에서 보면 나도 그저 먼지일 뿐인데 오르락내리락 하는 기분은 우주만큼 커졌다가 먼지보다 작아진다. 감정의 기복이 심한 내가 싫다. 매 순간이 생사를 건 전쟁터 같다. 상처받을 이유가 없는데, 혹시 나한테 심각한 문제가 있는 걸까? 나도 다른 사람들에게 상처가 되는 말을 한 적은 없었나?

누가 또 무슨 말을 해서 날 열받게 할까봐 지금도 초조하다. 불안과 우울이 치솟다가 정말 미쳐버릴 것 같다는 생각이 든다. 미쳐버리는 것이 두렵다. 오늘도 하루종일 일이 손에 잡히지 않았다. 그냥 어지럽고 힘들었다. 이 감정이 잠잠해지려면 어느 정도의 시간이 걸릴까?'

수철은 자신의 실수에 대한 부끄러움과 사람들과 어울리지 못하고 있다는 자괴감에 잠을 이루지 못했다.

●

수철이 상담실을 찾은 건 그로부터 얼마 후였다. 쉽게 잠들지 못하는 수면장애를 이유로 정신과를 찾았다가 심리상담을 권유받고 상담실에 오게 됐다. 작은 방에서 수철은 자신의 기분을 되새김질하며 아무에게도 내보이지 못한 본심을 꺼내놓았다.

"상사에게서 '생각이 깊다'는 말을 들었을 때 저는 그게 좋게 들리지 않았어요. 여러 가지 생각을 한다는 뜻으로 한 말 같은데 당시는 제가 예민하고 게으르기까지 한 인간이라는 비난을 받는 느낌이었어요."

심리상담 전문가는 주변의 잦은 지적에 스스로의 생각이 더해져 압박감을 높인 것 같다고 설명했다. 대화를 이어가는 중에 수철은 자신이 외부 자극에 다양한 감정과 생각을 끌어들인다는 것을 깨달았다.

"머릿속에 들끓는 생각이 각성상태를 만들어 수면장애까지 불러온 것입니다. 잠이 부족하니 예민해지고, 예민함 때문에 직장생활이 더 힘들어지는 것이죠."

수철은 자기자신이 한심하다는 생각이 들었다.

"사실 사람들 관계 때문에 여러 번 이직을 했거든요. 요즘도 다시 어딜 찾아봐야 하나 고민을 해요. 어딜 가야 좀 더 편안하게 대해줄 상사와 동료를 만날 수 있을까, 어딜 가야 일에만 집중할 수 있을까 생각해 보고 있어요."

수철의 얼굴을 덮고 있는 먹구름은 쉽게 가실 것 같지 않았다.

힐링 토크

우리는
타인의 말을
어떻게 해석할까요?

우리는 우리를 둘러싸고 있는 수많은 사람들과 관계를 맺으며 살아갑니다. 관계 속에서 사는 우리는 우리도 모르는 사이에 '인지와 결정'의 연속을 경험하게 됩니다. 관계를 유지하기 위해 타인의 말을 이해하고 나의 감정을 결정해야 하기 때문입니다. 그런데 그 과정에서 우리는 선입견과 오해 등 수많은 실수와 오류를 범하게 됩니다. 가장 흔한 것이 '확대 해석의 오류'입니다.

확대 해석의 오류란 말하는 사람이 의도한 의미가 아닌 다른 의미를 부여하는 것을 뜻합니다. 확대 해석을 많이 하는 사람일수록 원래의 의도에서 멀어진 해석을 내리기 때문에 상대의 말을 다른 뜻으로 받아들일 가능성이 커집니다.

확대 해석은 크게 두 가지 과잉을 부릅니다. 첫 번째는 긍정 과잉입니다. "너 예쁘다"는 말을 듣고, 과도하게 부풀려 자기자신을 완벽한 외모의 소유자로 받아들이는 경우입니다. 두 번째는 부정 과잉입니다. "오늘 컨디션이 별론가 봐"라는 말을 듣고, 자기 비하를 통해 자신을 무능하고 무기력한 사람으로 받아들이는 경우입니다. 둘 다 과장된 거짓 해석이라는 점에서 바람직하지 않습니다.

그렇다면 수철 씨의 확대 해석은 어디서 시작됐을까요? 수철 씨는 과잉 부정의 형태로 확대 해석을 계속합니다. 관심과 사랑이 부족한 상태가 되면, 모든 관점을 사랑과 관심에 맞추기 때문에 상대방의 말을 정확하게 해석하는 능력이 저하됩니다. 상대의 말을 액면 그대로 받아들이기보다는 왜곡해서 해석합니다.

우리 모두는 각자의 프레임(기준, 규정, 가치관 등)을 갖고 관계를 이어갑니다. 인지 오류는 이 프레임에 영향을 주기도 하고, 이 프레임에 영향을 받기도 합니다. 인종에 대한 고정관념, 지역감정 등은 대표적인 사회적 프레임이라 할 수 있습니다. 사실인 경우도 있고 거짓인 경우도 있기 때문에 개개인은 항상 프레임의 오류에 빠지지 않도록 사실 관계를 점검해야 합니다.

개인을 놓고 보면 타인에 대한 프레임이 많을수록 불완전하고 건강하지 못한 자아라고 할 수 있습니다. 반대로 선입견 없이 사람을 보고 수용하는 사람일수록 개방적이고 친밀한 관계가 가능한 사람입니다. 타인에 대한 프레임이 적으면 자신이 어떤 선입견을 가지고 있는지 스스로 깨달을 수 있고 내면을 변화시킬 수 있는 힘도 커집니다.

인지 오류로 소통에 어려움을 느끼고 작은 지적에도 강한 수치심을 느끼는 수철 씨의 경우는 익숙한 생각의 흐름들을 교정하는 훈련이 필요해 보입니다. 타인의 생각을 확대 해석하고 매일매일 그날 있었던 일을 밤새 반추하며 괴로워한다면 자기 안의 프레임을 없애는 노력이 절실합니다. 다른 사람의 말과 행동을 자신의 프레임에 맞춰 해석하면서 스스로를 고통 속에 몰아넣는 일을 하루 빨리 멈추어야 합니다.

그리고 궁극적으로는 타인의 평가에서 독립되는 깨달음이 필요합니다. 깨달음은 우리를 속박하던 것에서부터의 해방을 의미합니다. 남들의 시선, 남들의 평가에서 벗어나는 것 역시 깨달음입니다. 깨달음이 하나 둘씩 쌓이면 우리의 인생은 매우 풍요로워집니다.

다시 한 번 강조하지만, 소중한 자기자신을 남들에게 다 내어주고 자신을 형편없이 평가하고 폄하하는 것이 일상이 되어서는 안 됩니다. 나 자신을 받아들이고, 잘못된 해석으로 괴로워하는 시간들을 줄여나가면, 평화로운 관계 맺기도 가능해집니다.

고통을 주는 인간관계를 해결하는 방법

인간세상은 정글처럼 치열한 양육강식이 존재하지는 않지만, 봄날의 언덕처럼 평화롭고 안정적인 곳도 아니다. 우리는 사람들과 관계를 맺으며 힐링을 얻기도 하지만 상처를 받기도 한다. 때로는 몇 명의 고정된 영향력 때문에 삶이 피폐해지고, 극단적인 선택에 내몰리기도 한다.

그럼에도 우리는 많은 관계에서 '좋은 게 좋은 것'이라는 식으로 문제를 덮어버리려고 한다. 안 좋은 인간관계가 유지되도록 방치하는 경우도 흔하다. 하지만 인지 오류를 범하고, 확대해석을 하는 타인으로 인해 끊임없이 고통을 받는다면 상황을 직시하고 고통을 주는 관계를 정리할 필요도 있다. 끝까지 고통을 견디는 것만이 능사는 아니다. 관계의 정리는 관계의 실패가 아니다. 상대의 문제를 나의 문제로 착각하고 고통 받는 것을 멈추는 것이다. 또한 나를 관계로부터 보호하는 과정이기도 하다.

　인간관계를 해결하려 할 때 먼저 확인해야 할 것은 이 고통이 나로 인한 것인지, 상대에 의한 것인지를 구분하는 것이다. 기준은 객관적인 것이 가장 합리적이다. 우리는 미숙하다하더라도 사회의 일원으로 긴 세월을 살아왔다. 때문에 인식하려는 노력만 하면 나쁜 사람과 좋은 사람에 대한 객관적인 기준은 세울 수 있다. 보편적인 옳고 그름의 기준이 존재하기 때문에 그에 비추어 잘잘못의 경계도 확인할 수 있다.

　문제의 원인이 내게 있는 것이 명확하다면 이를 해결하기 위해 노력하면 된다. 반대로 상대에게 문제가 있다면, 이를 상대에게 알려주어야 한다. 상대가 문제를 인지하고 고쳐나가려는 의지가 있다면 기꺼이 도움을 줄 수도 있다. 그러나 상대가 문제의 인지를 거부하고 "너 때문이야!"라며 책임을 전가할 경우 관계의 정리도 고려해야 한다.

　물론 나를 괴롭히는 대상이 세상 모두에게 악인은 아니다. 내게는 최악의 사람일 뿐이지만 다른 사람에게는 의외로 괜찮은 사람일 수 있다. 이 사실을 절대로 인정하고 싶지 않더라도 대부분은 그러하다. 그리고 내가 상대에게 느끼는 감정처럼, 상대도 내게 상처를 받은 것도 사실이다. 요약하면 그 사람도 절대적으로 나쁜 사람은 아니며 나의 어떤 면에서 상처를 받고 있을 가능성이 높다. 하지만 그렇다 하더라도 내게 계속 감정적인 해를 끼친다면 일시적으로 그 관계를 끊어낼 필요는 있다.

기본적으로 사람은 가장 가까이 있는 대상으로부터 가장 큰 고통을 받는다. 친구일 수도 있고 배우자일 수도 있고 부모님이나 여타 가족일 수 있다. 때문에 흔히 인간관계로 고통을 받는 많은 사람들은 '나와 가까운 그 사람이기 때문에 내가 바꿀 수 있지 않을까?' 하는 생각을 한다. 안타깝지만 이 같은 선의의 마음은 대부분 착각이다. 솔직하고 객관적인 조언을 정확히 받아들일 준비가 돼 있지 않는 한, 누구도 완전히 변화할 수 없다. 게다가 타인을 지독히 괴롭히는 사람은 해결하지 못한 상처를 갖고 있을 가능성이 크다. 결국 변화는 자신의 결단과 노력에 달려 있다.

덧붙여, '가족 간의 갈등'은 인간관계 고민 중 가장 심각한 축에 속한다. 관계의 정리가 쉽지 않은 상황이 고통을 가중시키는 데 한몫을 한다. 가족 간의 갈등은 너무나 뼈아프고 슬픈 문제이다. 부모를 혐오하는 사람은 결국 자기자신을 혐오하고 자신이 세상에서 없어져야 한다는 생각까지 할 수 있다. 관계를 끊는 것은 그렇게까지 가지 않기 위한 과감한 방법이다. 극단적으로, 죽는 날까지 부모를 보지 않는 사람들도 있다. 오랜 기간 가해자 역할을 했던 사람이 끝까지 잘못을 뉘우치지 않고 여전히 분노를 퍼붓는 모습을 보고 등을 돌린 경우도 많다. 수십 년

동안 진행되어 온 뼈아픈 상처를 계속 받아들이기 힘들기 때문이다.

물론 단순히 모든 관계를 끊고 사는 것은 치유가 아니다. 어느 때보다 더 깊고 치밀한 치유 시간을 가져야 한다. 혼자가 힘들다면 상담전문가의 도움을 받아서라도 절대 자신을 놓아서는 안 된다. 치유 없이 관계만 끊는다면 가족을 버렸다는 죄책감에 시달리며 평생 불행한 삶을 살 수도 있다. 할 수 있는 모든 노력을 한 후에 결론을 내려도 늦지는 않다.

두려움

0
_____
7

**사람들을
만나는 게
겁이
납니다**

8

"사랑을 받지 못한 과거가 현재의 삶에도 영향을 주는 걸까요? 저는 사람들을 만나는 게 너무 무섭습니다."

고등학교 선생님인 선아는 매사 조용하고 사색적인 사람이다. 또한 절대 실수를 하면 안 된다는 심한 강박도 가지고 있다. 그럼에도 사소한 일에도 쉽게 좌절하는 모습은 자신이 가장 부끄럽게 생각하는 부분이다.

선아는 그런 자신을 좋아할 수 없었다. 어느 날은 자신이 도대체 왜 이런 사람이 됐는가를 고민하다 '모든 것이 어릴 때 기억과 연관된 것인가?' 하는 생각이 떠올랐다. 그리고 고심 끝에 상담실을 찾았다.

"어릴 때는 누구나 물을 쏟거나 장난감을 떨어트리는 실수를 할 수 있잖아요. 그럴 때마다 친구들 부모님은 아이를 먼저 걱정하셨는데 우리 부모님은 그러는 법이 없었어요. 항상 혼부터 내셨고 잔소리를 하셨어요. 전 언제나 주눅들고, 부모님에게 혼날까봐 바짝 얼어 있었어요."

선아는 부모로부터 신체적으로 심한 학대를 당한 건 아니지만 항상 모진 소리를 듣고 자랐다. 마흔이 넘은 지금까지도 실수를 할 때면 머릿속에서 "야! 제대로 못 해?" 하는 부모님의 목소리가 들릴 정도였다.

"아이는 부모가 전하는 메시지를 통해 자신도 모르게 자신에 대한 왜곡된 인식을 갖게 됩니다. 어릴 때 양육자로부터 계속 비난을 받거나 매를 맞고 자라면, '나는 형편없는 인간'이라는 메시지가 내면에 가득 차게 돼요."

인간관계의 어려움과 외로움, 우울증이 어린 시절의 상처에서 비롯됐다는 말에 선아는 전혀 놀라지 않았다. 오히려 "제가 걱정하던 대로네요"라고 조그맣게 속삭였다.

선아는 마흔이 넘은 자신을 여전히 좌지우지하는 것이 부모라는 것이 너무도 서글펐다. 나를 사랑해 주지도, 관심을 가져 주지도 않았던 성숙하지 못했던 부모…. 선아는 이미 그런 부모가 되기 싫어 결혼은 물론 아이도 낳지 않으리라 다짐하고 있었다.

'도대체 언제부터 사람들을 무서워하게 되었을까?'

'타인으로부터 상처받을까 두려운 마음은 쉽게 사라지지 않을 텐데….'

선아는 집에 와서 그날의 상담을 복기하며 자신을 들여다보았다. 그리고 현재 자신의 모습을 살펴보았다. 조용하고 차분한 성격 때문에 호감을 표현하는 사람들이 더러 있었다. 친구들은 좀처럼 자신을 내세우지 않는 선아의 모습을 좋게 평가해주기도 했다. 하지만 정작 선아는 선의로 다가선 사람들을 대하는 것도 불편하기 그지없었다. 사람들과 어울리고 싶다가도 '이 사람들이 나의 단점을 지적하면 어쩌지….' 하는 걱정을 하게 됐고, 실제로 조금 친해졌다 싶을 때 상대가 서슴없이 하는 말에 상처를 받은 적도 여러 번 있었다. 그럴 때마다 관계를 포기하고 마음의 문을 닫고 자신 방의 방으로 돌아왔다.

선아는 자신이 이미 오래 전부터 학교와 집 외에 다른 곳에는 가지 않고 사람들도 만나지 않는다는 것을 알고 있었다. 그렇게 수년이 흘러 이제는 평생 홀로 살아가야만 할 것 같은 두려움을 느끼기도 했다.

"잘못된 인식을 바로잡기 위해서는 먼저 자기 탐색을 하고 기억을 재구성하는 과정이 필요해요."

'정말 상담을 받으면 사람들과의 관계도 잘 하고 세상에 대한 두려움도 내려놓을 수 있을까?'

선아는 어린 시절의 상처를 치유하면 정말 순간순간 일어나는 두려움의 소용돌이에서 빠져나올 수 있을까를 고민하며 잠자리에 들었다.

●

"선생님이 편견이나 꾸지람 없이 제 이야기를 들어주시면 좋겠어요."

문제를 그대로 남겨둔 채 왜곡된 기억 속에 스스로를 가둬둘 수 없다고 생각한 선아는 다시 상담실을 찾았다. 자신의 이야기를 쏟아내고는, 지금이라도 진정한 자신의 모습을 찾아 나가고 싶다고, 부모의 거짓 메시지에서 벗어나고 싶다고 강한 바람을 이야기했다.

"앞으로 양육자로부터 받았던 잘못된 메시지를 올바르게 다시 구성해서 받아들이는 연습을 해보겠습니다. 그대로 받아들일 것과 절대로 받아들이면 안 되는 메시지들을 구별하고 기억을 재구성해 나가도록 하겠습니다."

하지만 치유의 과정은 결코 순탄하지 않았다. 지난날을 떠올릴수록 기존의 상처가 계속 되살아나 심리적 함정에 빠져들기도 했다. 치유가 진행되면서 약간의 희망이 솟아나기도 했지만 이전보다 더한 절망과 좌절이 밀어닥치기도 했다. 깊고 큰 상처를 보듬기 위해 선아는 많은 눈물을 흘렸다.

"저를 지배하는 과거의 올무에서 빠져나와 이제부터라도 사람들과 행복해질 거예요."

2년여의 상담 시간을 거치며 선아는 자신이 행복해질 수 있다는 확신을 갖게 됐다.

상처를 남긴 대부분의 말은 사실이 아닙니다

어릴 때 양육자로부터 잘못된 메시지를 받고 자라면 '나는 형편 없는 인간'이라는 잘못된 인식이 똬리를 틀기도 합니다. 이런 왜곡된 인식을 바로잡기 위해서는 자기 탐색의 과정을 통한 '기 억의 재구성' 과정이 필요합니다.

첫 번째 단계는 생각과 감정을 역추적해 과거로 돌아가 보는 것입니다. 부정적인 감정, 불편한 감정을 인식하고 '지금의 내 모습이 싫은가?', '왜 나는 나를 부정하고 싶은가?'라는 질문을 던진 후에, 자신이 어떤 말과 메시지를 듣고 자랐는지, 어떤 것이 해결되지 못한 상처로 남았는지를 살펴봅니다.

때로 자신의 애착장애를 발견하고도 그것을 인정하고 싶어 하지 않는 이들도 있습니다. 못난 모습의 나를 인정하면, 존재 자체가 무너질 수 있다는 불안이 생기기 때문입니다. 하지만 과거의 나를 인정하지 않으면 현재의 치유는 결코 이루어지지 않습니다. 인정을 해야 다음 단계로 나아갈 수 있습니다.

다음 단계는 참 메시지와 거짓 메시지를 구별하는 것입니다. 물론 이미 왜곡된 자아를 가진 상태에서는 거짓 메시지와 참 메시지를 구분하는 것이 매우 어려운 일입니다. 열 번 사랑을 받아도 한 번 심하게 혼이 나면 '나는 한 번도 사랑받은 적이 없어'라고 기억하기 때문입니다. 하지만 곰곰이 생각해보면 답을 찾을 수 있습니다. 상처를 들여다보면 대부분의 거짓 메시지를 찾을 수 있습니다.

'넌 왜 할 줄 아는 게 아무것도 없니?'

'매사에 대충이지. 제대로 하는 게 하나도 없어!'

이런 메시지는 대부분 거짓 메시지입니다. 부모님이나 선생님이 홧김에 내뱉은 말입니다. 그런데 대부분의 아이들은 어떤 말들을 반복해서 들으면 나중에는 '내가 그렇구나' 하고 받아들이게 됩니다. 거짓 메시지를 적극적으로 수용하게 되는 너무나 불행한 일이 벌어집니다.

선아 씨는 자신이 원하는 선생님 될 정도로 성실하고 능력이 있는 사람입니다. 그럼에도 부모님이 홧김에 내뱉은 말들로 자신에 대한 잘못된 인식을 갖게 됐습니다. 이런 성장과정은 선아 씨에게 자신의 진정한 모습을 흐리게 하고 후퇴시키는 결과를 낳았습니다.

기억의 재구성을 위한 다음 단계는 거짓 메시지를 이성적으로 단호히 거절하는 것입니다. 이 단계에서는, 두려움에 사로잡혀 여러 가지 방어기제가 드러나기도 합니다. 때문에 자기합리화 혹은 완전한 회피를 경계해야 합니다. 마음의 고통이 무섭게 파도칠 때 우리는 누군가를 탓하고 싶어집니다. 혹은 '그 사람도 그럴 이유가 분명히 있었을 거야'라며 치유가 이루어지기도 전에 상대를 이해해버리려 합니다. 선아 씨의 경우도 '엄마, 아빠도 어쩔 수 없었을 거야'라며 부모님도 그럴 수밖에 없었다고 이해하려는 모습을 보였습니다. 이것은 합리화의 함정입니다.

마지막으로 기억의 재구성을 완성하기 위해서는 부모님에게 자신의 감정을 드러내는 노력을 해야 합니다. '부모님도 그때 그럴 수밖엔 없었어'라고 속단하거나 회피해서는 안 됩니다. 더 늦기 전에, 엄마에게 엄마의 자리를 돌려주고, 아빠에게 아빠의 자리를 돌려주어야 합니다. 자신이 양육자와의 관계에서 잘못된 관계 맺기와 거짓 메시지로 얼마나 많이 힘들었는지 말로 표현하는 것은 치유의 지름길입니다. 나의 치유를 위해 그리고 그들의 회복을 위해 좋은 부모가 될 기회를 주어야 합니다.

선아 씨는 평생 자신을 괴롭혔던 엄마의 목소리가 '거짓'이라는 사실을 깨닫고 기억의 재구성을 통해 용기와 자유를 얻었습니다. 누구나 선아 씨와 같은 경험을 할 수 있습니다.

나의 부모보다
나은 부모가
되기 위해

부모는 우리가 태어나자마자 가장 먼저 만나게 되는 가장 중요한 존재이다. 자녀는 그들의 부모와 최초로 인간관계를 맺는다. 부모와 어떤 관계를 맺었는지에 대한 기억은 앞으로 만나게 될 사람들과의 관계에도 많은 영향을 미친다.

처음으로 아이가 실수를 했을 때 어떤 부모는 너그럽게 타이르지만, 어떤 부모는 필요 이상으로 혼을 내기도 한다. 모든 게 처음일 수밖에 없는 아이의 입장에서는 부모의 훈계가 절대적으로 받아들여지곤 한다.

그래서 학대를 받고 자라거나 엄하게 자란 사람은 실수에 대한 강박이 심하고 사소한 일에도 좌절하는 경향이 있다. 30, 40대가 되어도 여전히 부모님 앞에 선 5살 꼬마 아이처럼 매사에 주눅이 들어있는 사람들도 있다. 세월이 흘러 늙은 부모님을 봐도 그때의 두려움이 마음 깊은 곳에서 살아 있기 때문이다. 심한 경우는 부모님이 돌아가신 이후에도 두려움은 사라지지 않는다. 어렸을 때의 안 좋은 기억이 계속해서 삶을 옥죄게 놔두어선 안 되는 이유이다.

또한 부모의 메시지들은 자신도 모르는 사이에 타인과 관계를 맺을 때 편견으로 작용되어 영향을 미치기도 한다.

"착해야 돼."

"엄마 말을 잘 들어야 돼."

"너는 공부만 잘하면 돼."

"공부 못하는 애랑은 친해지면 안 돼."

이런 말을 듣고 자란 아이는 커서 '이 사람은 가난하니까 나랑 어울려서는 안 되는구나. 이래서 나와는 안 맞는 사람이야'라고 자신도 모르게 사람들과 선을 긋게 된다.

나이가 들면 누구나 성인이 되는 것이라고 생각하지만 꼭 그런 것은 아니다. 잘못된 선입견에 사로잡히면 아이의 마음으로 어른이 된다. 사회화와 교육으로 지식은 많아졌지만 심리적인 바탕, 무의식은 아직도 어린아이 같은 수준에 머물러 있는 경우들도 있다.

상담 사례 중에는 어린 시절을 극복한 후에야 비로소 자신의 진짜 모습을 발견하는 경우가 흔하다. 어린 시절 너무 많은 상처를 받고 결핍이 생기면, 그 상태로 내면이 굳어져 버리기 때문에 어린 시절의 문제들은 성인이 된 후에도 끊임없이 자신을 괴롭히게 된다. 결핍을 감추기 위해 심하게 잘난 척을 하며 자신을 부각시키거나, 자기자신은 과하게 비하하고 남들은 좋게 보는 것 모두 결핍의 부작용이다. 둘 다 내면에서는 자신이 너무 못났다고 생각한다. 때문에 어린 시절을 극복하지 않으면 성숙한 어른이 될 수 없다.

우리는 때때로 부모를 원망하는 순간을 맞게 된다. 흔히 알코올 중독자인 경우, 그의 아버지도 알코올 중독자였을 가능성이 높다. 실제 상당수의 자식들은 자신들의 부모와 같은 문제로 고통을 받는다. 해결되지 않은 상처는 대를 이어 부정적인 영향을 미친다. 이런 과정을 이해하면 부모 역시 같은 상처를 갖고 있었으리라는 추리가 가능하다. 하지만 치유를 위한 과정에서도 상처를 준 부모의 아픔까지 이해하는 것은 굉장히 어려운 일이다. 다만 자신의 치유가 진행되면서 부모에 대한 이해와 공감이 높아지면, 부모 역시 피해자였음을 보다 쉽게 받아들일 수 있다.

중요한 것은 비록 상처 가득한 부모 밑에서 성장했다고 해도, 나는 바른 부모가 될 수 있다는 것을 믿는 것이다. 물론 이를 위해서는 내 안의 가장 아픈 마음의 영역을 파헤쳐 그 안에 무엇이 들어 있는지 확인하고, 기꺼이 안으로 들어가 문제를 치유할 용기가 있어야 한다. 약간의 용기만 있다면 얼마든지 나는 나의 부모보다 나은 사람, 나아가 내 자녀의 훌륭한 부모가 될 수 있다.

불행감과
무기력

0
8

**매일매일이
하찮게
느껴져요**

"그 모든 시간들이 저를 고립시키고 지독한 외로움으로 밀어내고 있었다는 것을 그때는 왜 알지 못했을까요?"

영서는 초등학교 시절부터 마음이 어둡고 무기력했다. 더 엄밀히 말하면, 유치원을 다닐 때부터로 기억한다. 영서는 어릴 적 자신을, 교실 한쪽 구석에서 소리 없이 다른 친구들을 관찰하는 조그만 꼬맹이로 기억했다. 때때로 분주히 움직이는 선생님들의 몸짓을 불안하고 상기된 얼굴로 쳐다보기도 했다. 그의 기억에 일곱 살짜리 불행한 꼬맹이에게 신경을 써주는 사람은 없었다.

초등학교, 중학교, 고등학교도 별반 다르지 않았다. 영서는 조용히 학교를 졸업했고 성적은 좋지 않았다.

대학 입학을 이유로 지방에서 기숙사 생활을 시작했지만, 영서의 생활을 크게 달라지지 않았다. 즐거운 얼굴로 항상 콧노래를 흥얼거리던 룸메이트조차 처음에 몇 번 말을 붙였을 뿐, 영서가 시큰둥한 반응을 보이자 관심을 꺼버렸다. 아무도 말을 걸지 않게 되자 영서는 속으로 '차라리 말을 붙이지 않아 주어 고맙다'는 생각까지 들었다.

아는 사람 하나 없는 타지에서 영서는 자신이 불행의 그림자를 달고 태어난 사람이라는 생각이 들었다. 크게 다르지 않은 일상이 반복되면서 생각은 사실로 굳어져 버렸다.

●

"매일매일이 하찮게 느껴져요. 왜 제게는 행복이 찾아오지 않을까요?"

상담실을 찾은 영서는 불행감과 무기력 때문에 괴로워하고 있었다. 자기가 못나서 자기가 불행해지고 있다는 생각이 머릿속을 채웠다. 극단적인 생각을 지우기 힘들 때는 눈물을 흘리기도 했다.

사실 영서가 상담실을 찾은 것은 자의에 의한 것은 아니었다. 기숙사 생활을 하던 아들이 어느 날 자퇴를 하고 집으로 돌아오자 부모님은 처음에는 화를 냈다. 하지만 방 안에 갇혀 아무엇도 하지 않은 날들이 계속되자 화는 두려움으로 바뀌었다. 영서의 방에서 풍기는 '죽음이 끌어당기는 듯한 기운'에 부모님은 지푸라기라도 잡는 심정으로 심리상담 전문가를 수소문했다. 영서는 부모님의 부축을 받으며 상담실 의자에 앉았다.

●

"뭔가 대단한 일이 생기지 않는 한 계속 불행할 것 같은 느낌이 들어요. 일상적인 작은 즐거움이란 게 없어요. 이 무력감에서 헤어 나오지 못할 것 같아요. 어떻게 하면 삶의 의욕을 되찾을 수 있을까요?"

왜 이렇게 불행한 느낌이 드는지 알 수가 없어 더욱 괴롭다는 영서에게 심리상담 전문가는 몇 가지 질문을 던졌다. 그리고 오래된 불행의 실체는 쉽게 그 모습을 드러냈다. 금단의 문이 처음으로 열리자 영서와 심리상담 전문가는 영서의 내면을 파헤쳐볼 수 있었다.

영서의 가슴 안에는 어린 시절의 애정결핍과 상처 입은 마음이 고스란히 남아 있었다. 아무도 돌봐주지 않았던 어린 시절부터 청소년기까지, 매일 매일 마음에는 차가운 비수가 수없이 꽂혔다. 그 과거는 묻히거나 잊히지 않고 현재와 함께 흐르고 있었다.

"주목받는 것은 불안했지만 누군가 관심을 가져주길, 사랑을 보내주길 간절히 원했었던 것 같아요."

영서는 자신이 얼마나 외로웠는지 깨닫고 슬프게 울었다.

●

"오랜 시간 자기 비하의 감정에 싸여 있다 보면 무력해지기 쉬워요. 무력감이 깊어질수록 인간관계를 맺고 싶지 않게 되고, 불안은 더 높아지고, 더 깊은 외로움에 갇히게 되는 거지요."

심리상담 전문가는 영서가 사로잡혀 있는 무력감을 한 번에 완전히 해결하려고 애쓰지 말라고 조언했다. 눈물과 함께 영서의 상처도 조금씩 씻겨 내려갔다. 영서의 내면에서 천천히 그러나 끝도 없이 올라오는 이야기를 심리상담 전문가는 듣고 또 들어주었다. 아무런 비난도 비판도 없이 진심으로 공감하며 들어주었다.

"영서 씨 기준에 턱없이 낮은 감정이라도 인정해주세요. 잠깐의 기쁨도 행복으로 받아들일 필요가 있어요. 좋아하는 음식을 먹을 때부터 그냥 그 순간의 즐거움을 받아들여 보세요. 행복은 크기보다 주기가 중요해요. 한 번에 뭔가 엄청난 행복이 찾아오는 것보다 작은 행복을 자주 느끼는 게 진정한 행복일 수 있어요."

심리상담 전문가는 "행복을 느껴야지"라고 다짐하는 것보다는 있는 그대로의 감정을 받아들이는 연습이 중요하다고 덧

붙였다. 영서는 상담실을 오가며 서서히 잃어버린 자아를 찾아
갔다.

파랑새는
동화 속에만
있지 않답니다

무의식에서 계속 피어오르는 불행한 느낌 때문에 행복하기 어렵다면 불행의 원인을 살펴보아야 합니다.

때때로 상담을 하다보면 행복하게 살고 싶다고 하면서도 일상의 사소한 즐거움을 아무것도 아니라고 받아들이는 이들을 만납니다. 그들은 저 높은 곳을 쳐다보며 그곳에만 행복이 있을 것이라 생각합니다. 특히 어릴 때부터 늘 불행한 느낌 속에서 살았던 사람은 자신도 모르게 '내가 행복해지려면 이 정도는 되어야 해'라는 기준을 세우게 됩니다. 그렇게 세운 기준은 나중에는 점점 높아져서 결코 도달할 수 없는 수준이 되기도 합니다. 도달할 수 없는 기준 때문에 더욱 불행해지는 일도 벌어집니다.

이들의 불행은 어디서 비롯된 것일까요? 부모의 충분한 사랑과 관심과 돌봄이 결여되면 생기는 불안정한 느낌 속에 머물면서, 무의식적으로는 스스로 세워놓는 기준에 의해 끝없이 불행한 느낌을 느끼고 있던 것은 아닐까요? 불행감을 없애지 않고서는 결코 행복해질 수 없습니다. 행복을 위해서는 내면의 치유와 터무니없이 높은 행복의 기준을 없애는 노력이 필요합니다.

결핍은 자연스럽게 욕구를 부릅니다. 불행감은 결핍된 사랑 때문일 수도 있고, 욕구가 만든 높아진 기준 때문일 수도 있습니다. 결핍된 사랑을 확인했다면, 다음으로 자신이 세운 행복의 기준을 나열해보고 그 기준에 도달하면 정말로 행복해질 수 있는지 하나씩 점검해봅니다. 때때로 타인에게도 자신의 높은 기준에 맞출 것을 요구하며 비난을 받는다면, 자신 안의 높은 기준이 너무도 비현실적이라는 것을 인정해야 합니다.

〈파랑새〉라는 동화를 기억하실 겁니다. 이 동화는 행복은 어디에 있는가에 대한 답을 해주는 이야기로 유명합니다. 주인공은 행복을 주는 파랑새를 찾아 온 세상을 돌아다니다 결국 못 찾고 자기 집으로 돌아옵니다. 그런데 자신의 집 처마에 그토록 찾아 헤매던 파랑새가 있었습니다. 행복은 가까이에 있으니 멀리서 찾지 말라는 교훈을 전해줍니다.

그런데 〈파랑새〉 이야기를 들은 대부분의 사람들은 '나는 아니다, 나는 행복이 어디 있는지 안다'고 생각합니다. 의외로 우리들 중에는 '이 정도밖에 안 되는 나는 결코 행복해질 수 없어'라는 비합리적인 사고에 갇혀 있는 이들이 상당합니다. 결핍된 사랑은 비합리적인 생각을 부추기고 막연한 불행감을 가져옵니다.

결핍이 만든 상처들은 약을 발라주고 치유하면 됩니다. 그 치유의 과정에는 내 주변에 있는 파랑새를 파랑새로 알아보는 것도 포함됩니다. 영서 씨처럼 시간을 들이고 포기하지 않는다면 막연한 불행감을 떨쳐내고 행복해질 수 있습니다. 인간에게 행복은 선택이 아니라 당연한 권리라는 것을 기억하기 바랍니다.

과거의 상처를
떠나보내는
마음 청소

칼에 베어도 호들갑스럽지 않게 상처를 치료하고 일상으로 돌아가는 사람이 있는가 하면, 종이에 스친 상처에도 온몸이 타들어가는 듯한 고통을 느끼는 사람도 있다. 몸의 외상만큼 마음의 상처에 대해서도 우리는 자신의 기준에 따라 고통을 느낀다. 사건에 대한 해석과 이로 인해 나타나는 감정도 제각각이다. 이유는 우리가 모두 다르기 때문이고, 근본적으로는 애착형성의 뿌리가 다르기 때문이다.

애착이 건강하게 형성된 사람은 좋지 않은 일을 당했을 때도 무턱대고 부정적 해석을 하지 않는다. 불행한 사건이 벌어져도 '그럴 수도 있는 일'이라고 생각하고 자신은 앞으로 분명히 나아질 것이라고 믿는다. 하지만 애착장애를 가진 사람들은 대부분의 사건이나 시련을 부정적으로 해석하고 예견한다. 누군가가 혹은 신이 자신을 계속 나빠지게 만든다고 믿으며 자신의 미래가 암울하다고 해석한다.

불행감을 느끼는 이들을 만나면, 감정의 기복에 따라 불안정함의 정도가 드러난다. 감정의 기복이 클수록 불안정한 정서를 갖고 있다고 말할 수 있다. 불안정한 정서는 부모의 일관되지 않은 훈육방법에서 비롯되었을 가능성이 크다. 시시때때로 바뀌는 부모의 정서에 늘 신경을 써야 하는 아이들은 혼란을 느낀다. 부모의 불안정이 자녀에게 그대로 전달된다. 애착장애로 인한 감정기복은 스트레스로 작용된다. 일상에서의 감정이 거대한 파도처럼 오르락내리락 한다면 뱃멀미와 같은 고통이 따라온다.

치유의 과정에서는 다른 사람의 말을 감정적으로 받아들이지 않는 의식적인 노력이 필요하다. 성숙한 성인은 사실을 사실로 단순하게 받아들인다. 타인에게 지적을 받아도 합리적인 판단을 내린다. 자신이 고쳐야 할 부분은 받아들이되, 필요 이상의 간섭일 경우는 이에 휘둘리지 않는다. 다음으로 나의 감정을 해치는 상대방의 감정 찌꺼기들을 빠른 시간에 털어내야 한다. 마음 청소의 시간도 필요하다.

마음 청소는 과거의 상처를 떠나보내는 훈련이다. 무의식

적으로 떠오르는 일들을 마음에 담아두지 않도록 한다. 흔히 멍
때리고 있는 시간에 우리는 오늘 아침, 어제 점심, 지난달, 1년
전 혹은 10년 전의 일들을 떠올리며 당시에 느꼈던 감정과 상처
를 복기한다. 마음 청소는 부정적인 기억들을 점검하고 흘려보
내는 훈련이다. 확대 해석을 한 것은 아닌지, 감정이 과하게 기
억되는 것은 아닌지 확인하고 그날의 마음들을 털어버린다. 물
론 묵은 먼지들이 한 번의 청소로 해소되지 않듯 마음 청소도
한 번에 끝나지 않을 수 있다. 떠오르면 떠오르는 대로 치유하
고 흘려보내도록 노력하면서 성숙으로 향하는 길을 따라가면
된다.

적대감

0
9

나를
질시하는
동료 때문에
직장생활이
힘듭니다

30대 후반의 정철은 온유함과는 거리가 먼 편이다. 평소 다혈질에 짜증과 화를 내는 경우가 많다.

특히 입사동기인 직장동료 경수와는 견원지간이라 할 정도로 사이가 나쁘다. 정철이 생각하는 경수는 열등감으로 가득한 인물이다. 정철에 대한 질투심에 이글거리고 있다고 확신한다. 자신은 상사에게 자주 칭찬을 받는 편이었고 경수는 그렇지 않다는 것이 정철이 생각하는 이유다.

'나는 명문대 출신이지, 자기는 이름도 모를 대학을 졸업했지. 얼굴도 내게 비길 정도가 아니지. 아마 여자친구도 변변히 사귀지 못했을 걸. 회사도 간신히 들어온 주제에 어디 나와 비

교하며 사사건건 신경을 긁는지 어처구니가 없어서…'

　정철은 경수와 자신을 비교하며 끊임없이 경수를 의식했다. 주변에도 경수와의 관계를 숨기지 않았다.

　"저희 부서에 란희라는 참한 친구가 있는데 평소 저한테 호감이 있었거든요. 그런데 그 자식이 친한 척을 하면서 이것저것 챙겨주는 거예요. 워크숍에 가서야 란희 씨가 저한테 관심이 있다는 걸 알고서 완전 쌩하더라고요. 사사건건 시비를 걸어서…."

　정철은 란희가 어려운 일을 겪을 때마다 살뜰히 챙겨줬다. "몇 번을 가르쳐줬는데 그것도 못하냐!"고 무안을 주는 경수를 보며 속으로 '여자가 자기한테 호감이 없다고 그런 것도 안 가르쳐줘? 지질한 놈' 하고 욕을 했다. 그리고 경수에게 들리도록 "이런 건 선배가 가르쳐줘야지 누가 알려주겠어요. 다음에도 어려운 일 있으면 얼마든지 물어봐요"라며 큰소리를 내기도 했다.

　그런데 얼마 뒤 회식 자리에서 사건이 터졌다. 경수가 뜬금없이 "우리나라 사람들은 열등감이 참 많은 것 같아요, 과장님. 그렇지 않아요? 특히 남자들이 심한 것 같아요. 그런 것 때문에 분노조절장애도 생기는 거 아녜요? 다들 왜 그런지 모르겠어요"라는 말을 꺼냈다.

　과장은 "뭐, 조그만 나라에서 복닥거리면서 살다보니 그런 거지. 경쟁은 점점 치열해지고 일거리는 줄고… 그래서 그런 것 아니겠어?"라며 호탕하게 웃었지만 정철은 너무나 어의가 없었다. 자기가 해야 할 말을 그가 하고 있으니 속에서 천불이 났다.

"경수 씨도 열등감 좀 있지 않아요? 있어 보이는데."

정철의 이 한마디가 화를 키웠다.

"내가요? 참 다들 이게 문제라니까. 자기자신을 잘 모르는 거."

"이런 미친… 다들 날 인정하니까 그런 식으로 날 긁는 거지? 주제도 모르고…."

갑자기 분위기가 얼어붙었다. 다행히 상황을 파악한 과장이 화제를 돌리면서 무마가 됐지만 정철은 분을 삭이지 못하고 새벽까지 술을 마셨다.

●

편히 쉬어야 하는 주말에도 스트레스가 풀리지 않자 정철은 심리상담 전문가를 찾아 하소연을 시작했다.

"원래 그런 놈이었어요. 나를 질시하는 게 눈에 뻔히 보인다니까요. 그런 하찮은 놈 때문에 내 직장생활이 영향을 받는다는 것이 짜증이 날 지경이라니까요."

그런데 정철은 심리상담 전문가로부터 의외의 대답을 들어야 했다.

"경수 씨가 미워 죽겠다는 말은 뒤집어 보면 경수 씨에게 사랑받고 인정받고 싶다는 뜻일 수 있어요. 별다른 이유도 없이 너무 밉다는 것은 역설적으로 그에게 사랑받고 싶다는 뜻이니까요."

정철은 말도 안 된다며 손사래를 쳤다.

"제가 그 인간한테 사랑을 받고 싶어 한다고요? 제가 정말 혐오하는 인간한테요?"

정철은 인정하고 싶지 않았지만 상담자의 조언에 따라 자신의 감정을 돌아보았다.

짜증과 화가 많은 자신의 성격이 보이고 이를 인정하자 어쩌면 경수도 자신처럼 비슷한 지점에서 짜증과 화를 내고 있는 것은 아닐까 하는 생각이 들었다. 그러자 경수의 행동도 크게 신경이 쓰이지 않았다. 점차 이전처럼 불처럼 화가 나는 일도 줄어들었다.

정철의 생각과 행동이 변하자 경수의 태도에도 변화가 생겼다. 우선 정철이 경수에게 별 반응을 보이지 않자, 경수도 더 이상 정철을 긁어대지 않았다. 뾰족하게 날이 서 있던 둘의 관계는 조금씩 부드러워졌다.

평소 감정이 부정적으로
흐르지 않는지
점검해보세요

흔히 인생은 수학 문제처럼 단순하지 않다고 합니다. 문제의 양상도 하나의 모습이 아닌 경우가 대부분입니다. 마찬가지로 문제를 푸는 방법 역시 매우 다양한 스펙트럼을 가집니다.

같은 애착 문제를 가진 사람들이라도 드러나는 행동이 매우 다를 때가 있습니다. 너무 사람에게 집착하고 매달리는 사람이 있는가 하면, 아예 사람들과 단절되길 원하는 사람들도 있습니다. 이것은 애착 문제가 생겼을 때 그 고통을 견디기 위해 개인이 선택한 방법의 차이 때문입니다. 상처를 받을까봐 극단적으로 사람을 차단하고 혼자 있는 것을 선택하는 은둔형이 있는가 하면, 별로 친하지도 않은 사람들과 끊임없이 어울리며 자신의 고통을 잊으려고 하는 사람들도 있는 것입니다. 그리고 안타

깝게도 둘은 모두 부정적인 의식을 흐름을 가지고 있습니다.

직장에서 동료의 질시 때문에 고민을 토로하는 정철 씨의 경우 부딪치고 화를 내야 자신의 감정이 해소된다고 믿고 있습니다. 상대가 원인을 제공했기 때문에 나의 화는 정당하다고 생각할 수도 있습니다. 하지만 세상 모든 사람이 자신의 감정을 화와 짜증으로 표현하지는 않습니다. 정철 씨 역시 보다 합리적이고 긍정적인 방법으로 자신의 감정을 표현할 수 있습니다.

정철 씨의 경우 우선 자신의 의식을 관찰하는 과정이 필요합니다. 무의식적인 '생각의 흐름'을 잡아서 생각해보는 겁니다. 누군가의 말이 지나치게 기분 나쁘게 들렸는지, 아니면 정반대로 충분히 기분이 나쁠 상황임에도 쿨한 척 넘어가지는 않았는지, 상대의 의도와 달리 내 기분에 따라 감정이 표출되지는 않았는지를 살펴봅니다.

사람들은 상처를 많이 받으면 모든 사람들이 나를 싫어한다고 일반화하기 쉽습니다. 이것을 '과잉 일반화'라고 합니다. 한 사람이 나를 괴롭혀도 '이것 봐, 모든 사람들이 다 날 싫어해. 나는 불행할 수밖에 없어'라고 자신의 믿음을 강화해 나갑니다. 의외로 매우 많은 사람들이 이런 과잉 일반화에 사로잡혀 있습니다. 이러한 생각의 악순환에서 벗어나기 위해서는 '모든'이 아닌 '그 사람'이 나를 싫어하는 것뿐이라는 사실을 받아들이는 것이 중요합니다.

나의 감정을 객관적으로 봐줄 수 있는 상담자, 친구, 멘토 등과 끊임없이 대화하면서 과잉 일반화되거나 잘못된 해석, 편견에 사로잡혀 있는 것들을 인식하는 과정을 거치면 많은 도움이 됩니다. 삶을 방해하는 장애물들도 쉽게 파악할 수 있습니다.

주위 사람들이 하는 이야기를 감정적으로 내 안에 끌어들이지 말고 이성적으로 판단하는 연습도 필요합니다. 상처를 받으면 쉽게 감정적이 됩니다. 상처를 받는 순간, 강렬한 통증 때문에 이성이 마비되기 때문에 정확한 판단과 반응을 하지 못하고 맙니다. 모든 사람이 내게 상처를 주고 있다는 거짓 인식, 거짓 감정에 휩싸이면 별것 아닌 것에도 계속 상처를 받게 됩니다. 이 사실을 먼저 깨달아야 합니다.

이러한 노력을 거치면 부정적으로 흐르는 감정들을 긍정적인 방향으로 교정할 수 있습니다. 생각의 흐름은 자신의 삶을 향해 다가오는 사건들의 해석에도 영향을 미칩니다. 무기력한 상태에서는 사소한 지적도 과하게 받아들이게 되고, 기분이 좋은 날에는 지적 자체를 건설적인 방향으로 수용하게 됩니다. 애착장애가 있는 사람들도 마음의 치유가 일어나면 다가오는 고난에 대해 부정적 해석을 멈추고 새로운 해석을 내놓습니다. 긍정적인 방향으로 사고를 전환하면 일상이 보다 행복해집니다.

상처를
치유하는
글쓰기

생각을 바꾸는 일은 말처럼 쉽지 않다. 때문에 전문가들은 머릿속에서 맴맴 도는 생각을 실재하는 종이에 직접 써보는 것이 상당한 도움이 된다고 이야기한다. 실제 심리치료의 과정과 나의 이야기를 글로 쓰는 스토리텔링은 비슷하다. 직접 자신의 손으로 스토리텔링을 하다보면 자신의 심리적 상태를 인지하고 분석할 여유가 생긴다.

최선은 자신을 객관적으로 봐줄 수 있는 상담자, 친구, 멘토 등과 끊임없이 대화하면서 과잉 일반화되거나 잘못된 해석, 편견에 사로잡혀 있는 것들을 인식하는 과정을 거치는 것이지만 여러 가지 사정으로 이를 실현할 수 없다면 '일기 쓰기'를 통해 비슷한 과정을 거칠 수 있다.

우선 빈틈없이 일기를 써보라. 그날그날 기분 나빴던 일들을 적어보라. 누가 나를 무시했다면 그걸 일단 글로 형상화한다. 그리고 글을 보면서 생각을 정리한다. 그가 정말로 나를 무시했나? 그래서 나의 감정은 어떤가? 그의 말에서 일정부분 수용되는 게 있다면 무엇인가? 이 과정에서 상대의 지적이 맞는다면 '아, 그래서 상대는 화가 난 거였구나' 하는 이해와 수용의 단계로 넘어갈 수 있다. 만약 상대의 지적이 이해가 되지 않고 상대의 감정에도 동의할 수 없다면, 문제는 내가 아니라 상대에게 있음을 인지하면 된다. 아무리 날선 비난이라도 그것이 나에 대한 것이 아닌 상대의 문제 때문이라면 굳이 이를 두고 깊이 고심할 필요는 없다.

스토리텔링, 일기 쓰기, 글쓰기를 생활화하다보면 많은 감정의 찌꺼기들을 해소할 수 있다. 자신을 탐색하고 하루의 일과를 모니터하는 습관은 감정과 삶의 균형을 맞춰주기도 한다. 감정의 수렁에서 자신을 건져올릴 수 있기 때문에 생활에 더 충실해질 수도 있다.

미성숙

맨날
차이는 연애,
제가
문제일까요
?

"저는 너무 쉽게 사랑에 빠져요. 그리고 한 번 사랑에 빠지면 상대방이 부담스러워 하는 줄도 모르고 모든 걸 맞춰주고 퍼주는 성격이에요. 상대방은 매번 도망가고 저는 상처받는 일이 반복돼요."

지영은 한탄하듯 말했다.

지영이 '금사빠(금방 사랑에 빠지는 사람)'의 모습을 보이기 시작한 건 사춘기 무렵부터다. 중학교 수학여행에서 만난 조교에게 미친 듯이 빠져들었고 학교에 돌아와서는 상사병으로 며칠을 앓았다. 그러다가 우연히 복도에서 마주친 3학년 선배를 보고 또 한눈에 반해 편지를 써서 보내고 온갖 선물을 갖다 바쳤다. 그러나 풋사랑은 오래가지 못했다. 친구들이 좋아하는 남자 아이돌 그룹을 돌아가며 따라다녔다. 공부가 뒷전으로 밀리면서 대학입시도 실패했다. 이후에도 지영은 재수학원에서 만난 동갑내기에게 빠져 몇 달간 사귀기도 했다.

"너 이러다가 삼수하고 싶어? 남자는 대학에서 얼마든지 만날 수 있어! 넌 정말 누굴 닮아서 그러니?"

엄마가 잔소리를 할 때마다 지영은 쿵쾅거리며 방으로 들어가 머리끝까지 이불을 뒤집어썼다.

'엄마는 아무것도 모르면서 그래, 내가 얼마나 걜 좋아하는데… 우리는 진심인데, 공부 같은 게 무슨 대수라고!'

지영은 자신의 사랑이 영원할 줄만 알았다.

●

그런데 세상을 다줘도 바꾸지 않을 것 같던 사랑은 생각보다 시시하게 끝이 났다.

원하던 곳은 아니지만 대학에 진학한 지영은 '세상에 남자는 많다'는 엄마의 말이 사실이라는 것을 실감했다. 엄마 말대로 대학에는 정말 많은 남자들이 있었다. 그곳에서 그녀는 처음으로 고백을 받았다. 몇 주 동안은 하늘을 나는 기분이었다. 자기가 평소 좋아하던 타입은 아니었지만 그래도 '사랑'이라는 감정 자체가 낭만적이고 좋았다. 사랑은 자신을 특별하게 만들어

주는 마력이 있었다. 재수시절 만난 남자친구는 어느새 마음에서 지워졌다.

지영은 고백남과 데이트를 하고 과제를 하면서 진심으로 그를 좋아하게 됐다. 그에게 마음의 문이 열리면서 아르바이트로 번 돈을 또 다시 그에게 쏟아붓기 시작했다. 고등학교와 재수 시절에는 직접 돈을 벌 수 없어 좋아하는 사람이 생겨도 해줄 것이 많지 않았지만, 대학생이 되니 쉽게 돈을 벌 수 있어 좋았다. 얼마 지나지 않아 모든 자리에서 지갑을 여는 것은 지영의 몫이 됐다. 데이트 비용과 각종 선물을 위해 지영은 쉬지 않고 아르바이트를 했다.

그런데 지영이 사랑에 불타오르는 동안 고백남의 사랑은 점점 식어갔다. 다른 여자들이 눈에 들어왔다. 지영보다 당당하고 자신감 넘치는 과 친구들이 더 매력적으로 느껴졌다. 늘 사랑한다고 매달리는 지영이 부담스럽게 느껴지던 참이었다. 결국 고백남은 조심스레 지영에게 말을 꺼냈다.

"저기, 넌 진짜 좋은 앤데 나랑은 좀 안 맞는 것 같아."

"무슨 말이야?"

"우리 그만 만나자고."

"왜? 내가 뭐 잘못했어? 말해 봐."

"아까 말했잖아. 넌 좋은 앤데 나랑은 안 맞는 것 같다구."

"그게 무슨 말이야? 내가 좋은 사람이라면서 왜 헤어져?"

실랑이를 벌이던 고백남은 참을 수 없다는 듯 소리를 내질렀다.

"야, 너 지겹다고! 맨날 만나서 매달리고 사랑하냐, 안 하냐 애걸복걸하고… 짜증난다고!"

순간, 지영은 누군가 심장을 도끼로 내리찍는 느낌이었다. 정말 변치 않을 사랑이라고 느꼈는데, 한 순간에 모든 것이 끝이 났다.

●

이후로도 지영의 모든 연애는 이런 식이었다. 지영의 마음이 열리는 순간 상대방은 지영의 진심이 부담스러워 부리나케 도망치곤 했다. 그러면 또 지영은 사랑할 누군가를 찾고 상대방은 도망가기를 반복했다.

'다른 사람들은 연애도 잘만 하고 사랑도 잘만 하던데… 나는 도대체 무슨 결점이 있는 걸까? 남들처럼 밀당을 안 해서? 그래서 맨날 차이는 걸까?'

연애가 매번 안 좋게 끝나는 것이 자신 때문이라는 생각이 들자, 지영은 비참한 심정이 되었다.

상담실에서 지영은 자신이 남녀 관계에서는 물론, 모든 타인과의 관계에서 '내가 이상해 보이지는 않을까?', '나를 싫어하지는 않을까?' 하는 걱정을 하고 산다는 것을 알았다. 사실 어딜 가나 타인의 시선이 신경 쓰이고 눈치가 보였다. 자신을 존중하고 사랑하는 마음 없이 타인의 사랑만을 구걸하다보니 그에게 모든 걸 맞추고 퍼주면서 기력을 다 빼고 있었다.

"마치 어린아이 같아요."

지영은 자신은 신체적으로는 성인이지만 마음은 어린 아이에서 자라지 못했다는 것을 인정했다. 조금만 상대가 좋아져도 매달리고 집착하는 모습 때문에 상대가 힘들고 지긋지긋했을 수도 있다고 생각하니 눈물도 났다. 그리고 비로소 막연한 원망의 마음을 거두어들일 수 있었다.

연인 이전에
좋은 친구가
되어야 합니다

로맨틱 영화나 드라마는 우리 주변에 지고지순한 사랑을 주는
이들이 많다는 착각을 불러일으킵니다. 세상에는 정말 영화처
럼 운명의 상대를 만나는 이들도 있습니다. 그런데 이렇게 불같
이 시작된 사랑이 모두 해피엔딩으로 끝나는 것은 아닙니다. 아
무리 사랑이 뜨겁다고 해도 한 쪽의 사랑이 커서 기울어지면 관
계는 금세 끝이 나고 맙니다. 그리고 운명의 상대와 여생을 함
께 살아가는 이들에게는 한 가지 공통점이 있습니다. 바로 서로
비슷한 크기로 서로를 열렬히 사랑한다는 점입니다. 한 쪽의 사
랑이 커서 기울어지지 않고 균형이 잘 맞습니다.

애정결핍을 가진 이들은 종종 자신이 모든 것을 주면 상대
도 똑같은 것을 줄 거라는 기대를 하곤 합니다. 자신을 사랑해

주길 바라는 욕구가 폭풍처럼 일어나기 때문에 갈등이 시작됩니다. 현실에서 무조건적인 사랑을 베풀 수 있는 이들은 많지 않습니다. 기대가 요구가 되면 상대는 불편함을 느낍니다. 사랑을 준 쪽도 자신의 기대만큼 애정이 돌아오지 않으면 깊은 우울과 절망에 빠지고 맙니다.

아직도 무조건적인 사랑, 지고지순한 사랑을 주면, 다정다감하고 친절하고 부드러운 최고의 남자가 자신을 사랑해줄 거라고 믿는 여성들이 있습니다. 나이를 먹어도 그런 사람이 나타나지 않으면 좌절감을 느끼고, 결국에 연애나 결혼을 포기해 버리기도 합니다.

기본적으로 사랑은 상호적이고 균형이 맞아야 합니다. 대부분의 사람들은 상대방의 수준이 나와 같을 거라고 착각을 하지만 현실은 그렇지 못합니다. 연애를 하면서 자기자신을 잘 들여다볼 수 있는 사람이 있는가 하면, 문제가 많음에도 다른 사람의 눈치를 보며 전전긍긍만 할 뿐 전혀 자신의 상태를 들여다보지 못하는 이들도 있습니다. 이럴 경우 연애에서도 균형을 맞추기가 어렵습니다. 균형이 깨진 관계에서는 어느 한 쪽이 다치게 되어 있습니다.

지영 씨는 자신을 잃어버릴 정도로 상대에게 모든 것을 맞추고 모든 것을 줘서 엄청난 상처를 받았습니다. 상대에게 신경을 쓰는 만큼 자신을 조절하는 능력도 필요하다는 것을 알지 못했습니다. 지영 씨처럼 모든 것을 주고 쉽게 자신의 입장을 주장하지도 못하는 경우 올바른 관계 맺기가 어려워집니다.

자신의 상태를 알았다면 사랑하는 방법에도 변화를 줄 필요가 있습니다. 타인과의 관계를 맺는 속도를 맞추는 게 중요합니다. 조금 더 천천히 상대를 알아가고 삶을 나누면서 연인 이전에 좋은 친구가 되어야 합니다. 친구란 일상을 나누고 시간을 공유하며 추억을 만들고 어려운 일도 함께 의논하는 사이입니다. 때로는 부모처럼 서로를 돌보고 선생님처럼 서로의 길을 안내하기도 합니다. 이런 관계가 만들어지면 자연스럽게 상대를 알 수 있고 신뢰도 쌓입니다. 서로의 성품과 인격을 잘 살펴보고 친밀감을 유지하다가 천천히 사랑의 단계로 나아가는 것이 바람직한 순서입니다. 친구가 되는 과정 없이 일시적인 사랑의 감정에만 몰두하면 그 다음 단계로 성장하고 발전하기 어렵습니다.

물론 애정결핍의 문제가 깊고 오래된 사람은 그 문제를 먼저 해결해야 관계 맺기가 원활해질 수 있습니다. 너무 급히 다가가는 것도, 오랜 시간 동안 마음을 열지 못하는 것도, 모두 애착의 문제가 근원적 원인이기 때문입니다.

그는 겨울
나는 여름,
사랑의 온도 맞추기

누구나 연애를 하다 어느 순간이 되면 '상대와 내가 다르다'는 것을 깨닫게 된다. 상대가 나와 다르다는 것이 가장 잘 전해지는 것이 '사랑의 온도'이다. 때로 연인은 '그는 겨울, 나는 여름'처럼 다른 계절을 살고 있는 것처럼 느껴지기도 한다.

사랑의 온도가 다를 때 많은 갈등이 일어난다. 하지만 갈등 자체가 나쁜 것은 아니다. 이를 해결하는 과정을 통해 남녀 관계를 떠나 성숙한 인간관계로 나아갈 수 있다. 문제는 수용과 이해다.

"왜 넌 아직도 겨울을 못 벗어난 거야?"

"난 이렇게 추운데 어떻게 너만 그렇게 따뜻할 수 있어?"

서로를 비난하거나 나의 계절을 강요하는 행동은 도움이

되지 않는다. 내게 있는 따뜻한 이불을 그에게도 내어줄 수 있는 이해와 여유를 발휘하는 것이 더욱 효과적이다. 누구를 기준으로 맞추어야 하는가가 문제라면, 기본은 더 많이 가진 이가 먼저 베푸는 쪽으로 정리를 하는 것이 좋다. 좀 더 성숙한 이가 덜 성숙한 사람을 배려하고 맞춰주는 노력을 해야 한다. 배려해준 고마움을 느끼면 성숙하지 못한 사람이라도 배려를 배워서 실천하게 된다.

사람마다 관계를 맺는 방식이나 속도가 다르다. 어떤 사람은 천천히 관찰하고 난 뒤 점차 앞으로 나아간다. 어떤 사람은 급하게 친밀감을 형성하길 원하기도 한다. 서로 속도가 다를지라도 신뢰를 바탕으로 한 대화가 있다면 관계 맺기가 어려운 일은 아니다. 상대방의 입장을 먼저 헤아려 보면 된다.

나는 여름이고 상대가 겨울이라면 상대는 좀 더 천천히 나아가기를 바랄 것이다. 조급한 마음으로 서두르면 상대방은 두려움을 느낄 수 있다. 상대방에게 맞춰서 대화를 하면서 천천히 다가가면 신뢰감이 쌓이면서 깊은 친밀감도 생겨 좋은 연인 관계로 나아갈 수 있다. 내 관점보다는 상대방의 관점에 초점을 맞추어 주는 것이 중요하다.

만일 계속 기다려주는데도 쉽게 마음을 열지 못하고 부담스러워하는 마음이 오래간다면 내 쪽에 문제가 있을 수 있다. 온도 차이가 너무 커서 상대에게 상처를 주고 있는지도 모른다.

조금 더 용기를 가지고 다가가도록 하되, 그래도 상대가 부담스러워 한다면 상대를 보내주는 것이 차선의 선택이 될 수 있다.

　　너무 급하게 다가가는 것도, 오랜 시간 마음을 열지 못하는 것도 문제는 자기 안에 있다. 애착 문제는 드러나는 양상이 다를 뿐 뿌리에 있는 상처는 비슷한 경우가 대부분이다. 깊은 치유의 대화가 이루어진다면 서로를 더 쉽게 받아들이고, 진심으로 서로를 아끼고 사랑하는 관계로 발전할 수 있다.

냉소와 분노

1
1

사랑받고 자란
사람들을 보면
화가 납니다

도준은 명절이 싫다. 명절 때는 물론 경조사가 있을 때도 집에 가지 않은 지 8년이 넘었다. 부모님 집이 가까이 있었지만 마음은 태평양보다 멀리 있었다. 도준에게 부모님은 전혀 편한 상대가 아니었다. 부모님의 얼굴을 떠올릴 때마다 악몽에 시달리는 느낌이 들었다.

"이 새끼 어디 갔어? 또 숙제 안하고 놀러갔지? 나와! 빨리 이리 나오라고!"

"여보, 그만 해요. 애 집에 없어요."

"닥쳐! 어딨어! 나와, 이 새끼야! 야! 니 동생 어딨어?"

"몰라요."

"몰라? 네가 그러고도 형이야? 너 오늘 숙제했어? 선생님이 또 집에 전화하는 거 아니야? 또 몰래 학교 빠지면 어떻게 되는지 알지? 넌 죽는 거야. 알아들어?"

아빠라는 사람은 어렸을 때부터 술만 먹으면 가족은 물론 동네 개까지 패고 다니는 인간이었다. 키가 작고 왜소한 엄마는 그런 날이 되면 온 몸에 멍이 들어 방바닥을 기어다녀야 했다. 그 꼴이 보기 싫은 도준은 어려서부터 밖으로 돌았다. 아빠는 그런 도준을 찾아 폭언과 폭행으로 가르치려 들었다.

●

'자식이 진심으로 걱정돼서 찾으러 나왔다면 왜 그렇게 팼던 것일까? 아니, 어떻게… 어떻게 그렇게 팰 수 있지?'

도준은 지금도 아버지의 행동을 이해할 수 없다. 잘못했다고 손이 발이 되도록 빌어도 자신의 분이 풀릴 때까지 고래고래 소리를 지르며 주먹을 휘두르던 그의 모습이 너무도 생생하다. 아버지는 누구의 저항도 없이 가족들을 자신의 맘대로 휘둘렀다. 동네 사람들조차 말리려 들지 않았다.

"저 집은 애 교육을 좀 심하게 하네. 얼마나 애새끼가 말을 안 들으면 저래. 쯧쯧…."

아버지에게 폭행을 당하는 자신을 앞에 두고 뒤돌아서 가 버리던 동네 어른들의 말이 아직도 귀에 생생히 남아 있다.

도준은 형과의 사이도 좋지 않았다. 남보다도 못한 사이라고 생각할 정도였다.

도준의 형은 아빠가 없으면 자신이 아빠로 빙의된 것처럼 똑같이 행동했다. 자신이 맞은 것을 도준한테 풀려는 것 같았다. 그렇게 폭력이 반복됐다. 형은 말리는 엄마도 봐주지 않았다. 연약한 엄마가 부엌에서 뒹굴어 쓰러지는 것을 봤을 때 도준은 피가 거꾸로 솟는 것 같았다. 이후로 연약한 엄마를 지켜주지 못했다는 자괴감에 우울한 10대를 보내야 했다.

●

성인이 된 도준을 힘들 게 하는 것은 불쑥 불쑥 올라오는 분노였다.

"저 사람은 정말 사랑받고 자란 티가 나. 보고만 있어도 기분이 좋다니까. 밝은 사람을 보면 기분이 좋아져."

누군가 이런 말을 하는 것을 들으면 짜증이 확 올라왔다. 상대적으로 자신은 한없이 초라하게 느껴졌다. 그리고 참담한 심정이 밀려왔다.

'사랑받고 자란 티? 누군 사랑 받는 게 싫어서 사랑 안 받고 자랐나? 저따위 말을 왜 하는 거지? 그리고 누가 사랑을 받았는지 안 받았는지, 지가 어떻게 알아?'

그런 생각을 하는 자신이 싫었지만 너무 슬프기도 했다.

그럼에도 도준은 자신의 아픔을 드러내지 않으려 애를 썼다. 다른 사람들에게 일체의 가정사를 이야기하지 않았다. 주변 사람들은 도준이 예의 바르고 깍듯하다고 생각했지만 몇 번 이야기를 나눠본 사람들은 '어딘지 모르게 음울한 기운이 돈다'는 느낌을 받았다. 도준이 사람들과 진심으로 소통하지 못한다는 것을 도준과 사람들은 모두 알고 있었다.

●

도준이 상담실을 찾은 것은 '아무에게도 자신을 내보이지 못한다'는 갑갑함이 목끝까지 차올랐을 때다. 소통이란 것을 제대로 경험해보지 못한 탓에 어디서부터 이야기를 시작해야 할지 갈피를 잡지 못했다.

"생각해보면 할아버지도 성질이 나면 자식들을 쉽게 때리셨던 것 같아요. 큰아버지와 아버지 모두 할아버지의 주먹에 하루도 성할 날이 없었다는 이야기를 하셨죠. 그런데 그 상처가 아버지를 거쳐, 형에게 그리고 전에게 고스란히 내려왔어요. 부모가 주는 따뜻한 사랑을 받은 기억은 없어요. 사랑은 고사하고 맞지 않는 날이 그나마 기쁜 날이었죠."

상담실에서 쏟아내는 도준의 이야기는 생생하고 처연했다.

도준은 자신이 매사 냉소적이고 차가운 성격이라는 것을 잘 알고 있었다. 그렇지만 형이나 아버지처럼 폭력을 되풀이하고 싶지는 않았다. 그럼에도 자신 역시 어쩔 수 없이 그런 인간이 되고 말 것이라는 불길한 예언이 자신 안에 있다는 것도 알고 있었다. 도준은 분노가 많았지만 그만큼 불안하고 두려움에 싸여 있었다.

●

"그건 도준 씨의 잘못이 아니에요. 화목한 가족도 있고 그렇지 못한 가족도 있는 거예요. 화목한 가족을 보면 부럽고 속상한 건 당연해요. 그러니 수치스러워 하지 말아요. 도준 씨의 상처 입은 모습이 도준 씨의 참 모습도 아니에요. 가정 환경 속에서 받은 상처를 치유하고 진정한 자신을 찾아요."

도준은 처음으로 많은 눈물을 쏟았다.

도준은 자신을 위해 그리고 가족을 위해 상담을 시작했다.

그런데 어느 순간 자신과 달리 가족들은 변하지 않는다는 사실을 깨달았다. 변하지 않는 가족은 그에게 고통 그 자체였다. 엄청난 슬픔이 상담실 한 가운데까지 흐르고 있었다.

"상황과 환경이 변하지 않더라도 내가 나인 것은 변함없는 사실이에요."

도준은 화목하지 않은 가족 역시 가족이라는 사실을 받아들이고 마음의 평온을 찾았다. 자신이 할 수 있는 한 화목하기 위한 노력을 하겠지만, 그래도 가족이 변하지 않는다면 그 또한

받아들일 수밖에 없다. 그리고 자신의 삶을 살아가는 것이 최선
이라는 것을 도준은 어렴풋이 알 수 있었다. 상담실에서 경험한
치유적 경청 덕분에 도준의 분노는 점차 사라져 갔다.

소통과 공감을 위한 치유의 시간이 필요합니다

보통 부모와의 애착이 잘 형성된 사람일수록 공감 능력도 뛰어납니다. 때문에 부모의 사랑을 안정적으로 받아서 유아기에 건강한 애착을 형성하는 것은 매우 중요합니다. 예를 들어, 어린 시절 너무 아프다고 소리를 질렀는데도 부모가 매를 놓지 않았다면, 아이는 부모가 자신을 고통 속에 내버려 둔 채 철저히 자신과 단절되었다고 느낍니다. 그리고 부모가 "너는 맞을 짓을 했어" 하고 뒤돌아 가버린다면 그 아이는 부모와의 쓰라린 단절 때문에 공감 능력을 키울 수 없게 됩니다. 아픔 때문에 공감 능력이 마비되기 때문입니다. 이후 아이는 타인의 감정에 무덤덤해지고 같이 기뻐하지도 슬퍼하지도 못하는 사람이 됩니다. 결과적으로 부모와의 사이에서 공감이 적용되지 않으면 자신 역시 타인에게 쉽게 공감할 수 없게 됩니다. 그리고 공감 경험이 없다면 심리적 여유도 생기지 않습니다. 공감을 받은 적이 없는 사람은 다른 사람의 슬픈 감정에 공감할 수 없습니다. 자신이 가장 슬픈 사람이기 때문에 타인의 슬픔을 받아들일 여유가 없는 것입니다.

공감적 대화가 없는 가족, 불화가 끊이지 않는 가정 환경 속에서 살아왔다는 것은 가장 불행한 경험이라고 해도 과언이 아닙니다. 만일 누군가 그 속에서 살아남았다면 그 자체로 응원과 위로를 받아야 합니다. 어깨를 토닥이며 "진심으로 대견하다"는 말을 들을 자격이 있습니다.

상처 받은 사람들은 치유를 위해 소통과 공감의 시간을 필요로 합니다. 잘 들어주는 상대와 자유로운 대화를 하고 공감과 위로를 받으면 우리 안의 깊은 슬픔들은 대부분 씻겨내려갑니다. 우리 모두는 치유가 필요한 사람일 수 있고, 치유를 할 수 있는 사람일 수도 있습니다.

그렇다면 '잘 들어준다'는 것은 어떤 것일까요? 경청을 위해서는 편견 없이 말을 그대로 듣는 과정이 필요합니다. 선입견 없이 들어줄 때 상대방은 진심으로 공감을 받았다는 기분을 느끼게 됩니다. 공감Empathy은 라틴어로 '고통 속으로'라는 뜻을 갖고 있습니다. 공감하는 것은 그의 고통 속에 들어가 그 감정을 함께 느끼는 것을 뜻합니다. 공감을 위해서는 머리로 판단하는 것이 아닌 그 감정 자체를 온전히 받아들이는 자세가 필요합니다.

한편 소통과 공감에는 비언어적인 표현도 포함됩니다. 비언어적인 표현이란 표정, 태도, 눈빛, 몸짓 등을 포함합니다. 때로는 말보다 더 강력한 효과를 발휘하기도 합니다.

도준 씨의 경우 아버지는 말할 것도 없고, 늘 폭력에 노출됐던 엄마에게서도 소통과 공감을 받지 못했습니다. 도준 씨의 엄마는 어린 도준에게 건강한 반응을 해줄 에너지가 없었을 것입니다. 이 과정에서 도준 씨는 세상에서 가장 친밀한 사람으로부터 거부당했다고 느끼며 무의식적으로 깊은 상처를 받았습니다. 어둠 속에서 경직된 채 자라면서 타인에 대한 건강한 신뢰도 쌓지 못했습니다.

다행인 것은 가족으로부터 소통과 공감을 받지 못했다고 해서 상처를 회복하지 못하는 것은 아니라는 것입니다. 소통과 공감에 필요한 것은 안심하고 대화를 나눌 상대입니다. 심리상담 전문가, 뜻이 잘 맞는 친구, 나를 감싸주는 선생님 혹은 평생 같은 길을 가자고 약속한 배우자도 괜찮습니다. 안전하다고 생각되는 사람과 대화를 하며 소통과 공감을 위한 치유의 시간을 가질 수 있습니다. 부득이 주변에서 이런 사람을 찾기 어렵다면 포기하지 말고 전문가의 도움을 받기를 권합니다.

세상살이에서
나의 가면은
몇 개인가?

사람들은 때와 장소에 따라 모습을 달리한다. 예의가 필요한 곳에서는 선을 지키고, 호탕하고 자유로운 분위기에서는 쉽게 자신의 본심을 드러낸다. 이처럼 우리는 사회에서의 역할과 필요에 따라 심리적 가면인 다양한 페르소나persona를 쓴다. 수없이 다양한 가면을 쓰면서 타인에게 자신의 모습을 좋게 보이도록 위장한다. 사회생활을 원활히 하기 위해서 몇 개의 페르소나를 갖고 살아가는 사람들이 허다하다.

그런데 심리적으로 문제를 가진 사람들은 극과 극을 달리는 페르소나를 쓰면서 자신의 얼굴을 잊어버리려고 한다. 하지만 본래의 모습을 잃어버리고 페르소나에 의지해 살다보면 마음의 아픔은 깊어지고 관계 맺기는 더욱 어려워진다. 몇 겹의

가면 뒤에 감추어진 진짜 모습을 찾는 것은 심리적 문제를 해결하는 중요한 과정이다. 만나는 사람이나 상황에 따라 사용하게 되는 페르소나는 자신의 진면목을 갉아먹고 자존감을 낮추는 원인이 되기도 한다. 가면을 쓰는 이유가 다른 사람들이 나를 좋아하고 존중하기를 바라는 욕구 때문이기에, 애착 문제와 연결되기도 한다. 그러므로 너무 많은 가면을 쓰고 있다면 자신을 돌아볼 필요가 있다.

가장 먼저 나라고 생각하는 나의 모습이 사실은 본연의 내가 아닐 수 있다는 사실을 인지해야 한다. 문제가 무엇인지 정확하게 알 필요가 있다. 누군가가 생각 없이 던진 몇 마디의 말에 꽂혀서 자신을 평가해선 안 된다. 대부분의 사람들은 타인에게 깊은 애정과 관심을 갖고 있지 않다. 부모나 친구라고 해도 나를 정확하게 표현해낼 수는 없다. 자신의 모든 면을 알고 있는 것은 나뿐이다. 거기에 깊은 통찰이 더해지면 자신의 정확한 모습을 알 수 있다.

우리가 사는 공간에서 거짓 가면이 통하지 않는 유일한 곳이 가정이다. 가면을 쓰고 위선적으로 살수록 집에 와서는 그 가면을 벗고 긴장도 풀어버린다. 가족과 있을 때의 행동과 밖에서의 행동이 크게 차이 나는 사람들이 많은데 둘 사이의 불일치가 크면 클수록 큰 고뇌를 갖게 된다. 특히 가장들은 밖에서 좋은 사람으로 인정받기 위해 많은 노력을 기울인다. 덕지덕지 가면을 써서 자신을 위장하는 것이다. 집에서는 가족들이 진면목을 다 알기 때문에 더 이상 그 인식을 변화시키기 어렵다. 그래서 많은 가장들은 좋은 모습을 보이려는 노력조차 하지 않는다. 대신 그들은 밖에서라도 자신의 존재를 인정받으려 노력한다. 전혀 모르는 관계일수록 더 두터운 가면을 쓰고 더 좋은 사람으로 위장한다. 시간이 지나 그 가면이 얇아지면 그 모임을 떠나 새로운 관계를 모색한다. 그러면서 끊임없이 인정받으려 한다. 가장 인정받아야 하는 가족으로부터 멀어져, 계속해서 미성숙한 구조 속에서 끊임없이 불행을 끌어당기는 셈이다.

거의 매일 여자들은 거울을 보며 화장을 한다. 그날 기분에 따라, 어떤 사람을 만나느냐에 따라 조금씩 화장이 달라지기도 한다. 여자들의 화장은 무의식적 가면을 표현하는 것일 수도 있다. 오늘 써야 할 가면이 뭔지, 어떤 가면이 적당한지 선택하는 무의식의 발현일지도 모른다. 이처럼 내면에서 일어나는 무의식적인 선택은 의식적으로 표현되기도 한다.

세상에 맞춰서 살아야 한다는 생각은 스스로에게 억압으로 작용할 수 있다. 세상의 기준에 맞추기 위해 자신을 망가뜨리는 사람들도 많다. 페르소나를 내려놓고 세상과 자신을 긍정적으로 생각하고 신뢰해야 한다. 그래야 타인과 세상에 대한 인지적인 왜곡과 잘못된 가치관이 회복될 수 있다. 그리고 세상을 받아들일 수 있다.

긴장과 아픔

내가
병적으로
불완전한
사람으로
느껴집니다

8

"지형 씨, 오늘 기분 좋아 보이네? 무슨 좋은 일이라도 있어?"

상사의 질문에 지형은 마땅한 답을 찾지 못했다. 속에서는 '날 빈정거리는 건가?' 하는 생각도 들었다.

지형은 항상 세상 사람들은 모두 행복하고 자신의 삶을 열심히 살고 있는데, 자신만 외로운 섬에 갇혀 있는 것 같은 기분이 들었다. 때문에 사람들과 소통하기가 쉽지 않았다. 호의로 건넨 말에도 제대로 대꾸하지 못하는 경우가 많았다. 말을 건넨 사람들은 이렇다 할 답을 듣지 못하고 무안한 얼굴로 자리로 돌아갔다.

"어린 시절에 가정 폭력을 심하게 겪었어요. 그런 환경에서 지내다 보니 뭔가 편하고 행복한 느낌이 들면 오히려 불안한 기분이 찾아오곤 했어요. 행복한 느낌도 제대로 느끼지 못하다보니 내가 병적으로 불완전한 사람이라는 생각도 많이 하게 됐어요. 그리고 어느 순간 정말 병에 걸린 사람이란 걸 깨달았죠."

상담실을 찾은 지형의 마음에는 '남은 평생을 이 상태로 살고 싶지는 않다'는 바람이 있었다. 그러기에는 자신의 삶이 너무 억울했다. 가정 폭력을 휘두른 인간들 때문에 나머지 삶까지 망치게 된다면 너무나 분할 것 같다고 토로했다. 자신의 병을 진단하고 치료하고 싶다는 강한 의지를 내비쳤다.

"마음이 낫는다면 그런 인간들과는 상관없이 나의 인생을 온전히 살아가고 싶어요. 지나간 시간을 바꿀 수는 없더라도 나만큼은 달라지고 싶어요."

●

본격적으로 상담을 받으면서 지형은 의외로 많은 사람들이 자신처럼 상처의 지배를 받으며 고통스럽게 살아가고 있다는 것을 알게 됐다. 너무나 명백하지만 보이지 않는 상처들이었다.

자신의 상처투성이 내면을 들여다보기 시작하자 이상하게 다른 사람들의 마음도 읽을 수 있게 됐다. 그러자 사람 자체에 대한 혐오도 점차 줄어들었다. 열등감과 이기심, 증오 같은 것들이 다 쓸모없는 감정으로 느껴졌다.

"왜 그렇게 힘들게 살았을까요, 그런다고 내 진짜 슬픔이 줄어드는 것도 아닌데…."

상담이 진행되면서 지형은 자신을 가로막는 최대의 장애물은 다름 아닌 자신의 마음이었음을 깨달았다. 뭔가 불행한 느낌, 절대 놓여나지 못할 것 같은 억압의 느낌들은 모두 치유와 성장을 막는 장애물이었다.

"마음에서 끊임없이 일어나는 부정적인 생각과 강박적 불행감은 미래를 행복과는 거리가 먼 방향으로 변화시킵니다. 깊은 애착의 문제는 트라우마를 만들어 그만큼 깊은 치유의 과정을 필요하게 합니다. 하지만 이를 가로막는 것은 바로 상처를 담고 사는 나 자신입니다. 치유되지 않으면 상처 입은 나를 넘어설 수 없습니다. 나의 상처를 알고 나를 넘어서야 합니다. 사실 애착의 문제는 좋은 친구를 사귀는 것만으로도 해결이 될 수 있습니다."

심리상담 전문가의 말이 어렵게 느껴지기도 했지만 지형은 자신에게 집중해야 한다는 걸 알았다. 자신의 정확한 감정을 인식하고 이해하려는 노력을 계속했다.

●

'스스로를 절벽 같은 과거로 내모는 짓은 이제 그만하자. 정말 지쳤어. 그리고 소용도 없어. 난 그저 나일뿐이야. 나는 그

옛날의 엄마도 아니고, 아빠도 아니야. 나는 나로 살아갈 거야.'

지형은 안 좋은 생각이 떠오를 때마다 스스로를 다독였다. 그렇게 자신을 얽매고 있던 '불행해지고 싶은 유혹'에서 끊임없이 빠져나왔다. 그것은 병적인 마음이 주는 환상이었다. 건강한 변화를 두려워하는 아이 같은 마음이었다. 지형은 어떤 상황에서도 자신과의 대화를 포기하지 않았다. 그러자 더 나아질 거라는 희망이 생겨났다.

'난 괜찮아. 괜찮아 질 거야. 다 괜찮아….'

더 많은 치유를 위해 지형은 스스로를 격려하고 또 격려해주었다.

"지금까지는 비참한 감정들을 흘러가는 대로 내버려두고 살았어요. 결국 저는 감정에서 헤어나지 못하고 '나는 불완전한 사람'이라는 생각에 파묻혀 버렸지요. 그렇게 나를 조절하는 주체적인 능력을 잃어버리고 말았어요. 그런데 상담을 시작하고 비참한 감정들이 사실은 거짓이라는 걸 알았어요. 나를 조절할 수 있고 의식의 흐름을 바꿀 수 있다는 걸 안 순간, 이전처럼 스스로를 비하하는 일들은 하지 않게 되었어요."

자기 탐색과 성찰 이후 지형의 생활은 달라졌다.

"요즘은 불안과 긴장과 아픔을 안고 여기까지 살아낸 자신을 좀 더 사랑해야겠다는 생각이 들어요. 저 스스로를 학대해왔던 것 같아요. 항상 차가운 표정과 말투로 사랑받는 것을 거부했어요. 상처받는 것이 두려워서 더 차가워져야 했어요. 하지만 이제는 달라지고 싶어요. 나 자신에게 인정받는 삶을 살 거예요."

●

지형이 자신을 치유하며 가장 크게 느낀 변화는 흑백이던 세상에 색깔이 칠해지는 것이었다. 이후 타인을 신뢰하는 마음, 긍정적인 마음이 생겼다. 지형의 부모는 늘 자식을 일방적으로 혼내고 억압했다. 그것은 폭력이지 소통이 아니었다. 지형 역시 신뢰가 깨어진 관계에서 더 이상 소통을 할 수 없었다. 그러나 마음의 치유를 경험하자 타인과의 소통을 시작할 수 있었다. 그동안 보이지 않았던 타인의 소소한 장점들도 하나 둘 눈에 들어왔다. 자신에 대한 평가 역시 지난 시간들을 헛되게 살았다는 자책에서 그 시간들이 결코 헛되지 않았다는 인정으로 바뀌었다. 그 시간들이 자신을 강인하게 만들어 주었다는 것도 처음으로 깨달았다.

자유로워져야
사랑할 수 있고
수용할 수 있습니다

두 손이 묶여 있는 사람은 누군가를 안을 수 없습니다. 마찬가지로 우리는 자유로워져야 비로소 누군가를 안고 사랑하고 수용할 수 있습니다.

지형 씨는 깊은 상처로 인해 타인과 공감하고 소통하는 데 장애를 겪고 있었습니다. 마치 손발이 묶인 사람처럼 갑갑한 마음뿐이었습니다. 그러다 치유를 통해 묶인 부분들이 풀어지자 타인에 대해 공감하면서 세상에 나아갈 수 있게 됐습니다.

그렇다면 지형 씨의 손발을 묶은 것은 무엇이었을까요? 1차적으로는 폭력 가정에서 자라난 경험이 트라우마로 작용했을 가능성이 큽니다. 그리고 2차적으로는 자신이 불완전한 사람이라는 잘못된 인식이 소통과 공감을 가로막는 보이지 않는 벽이 되었을 겁니다.

'왜 다른 사람의 인정과 칭찬에 목말라 하는 것일까?'

'누군가 나를 싫어하면 어쩌지?'

'저 사람은 건강한데 나는 그렇지 못해.'

'이렇게 보잘 것 없는 나를 누가 사랑해줄 수 있겠어?'

수많은 질문 앞에서 우리는 숨이 턱턱 막힙니다. 이런 말들은 스스로를 한없이 초라하게 만들고 불행감까지 느끼게 합니다. 타인에게 너그러운 마음을 가지듯이 자신에게도 너그러운 마음을 가져야 합니다. 타인을 있는 그대로 바라봐주는 것처럼 자신을 있는 그대로 사랑해줄 여유도 필요합니다.

자신을 혹독하게 다그치는 생각들은 '나'로 살지 못합니다. 자신을 어떤 부모의 자식이나 동생들의 형 그리고 사람들의 이웃으로만 생각하게 합니다. 스스로를 관계에 묶어버리면 활기차게 자신의 인생을 살아가기가 힘들어집니다. 세상 사람들이 만들어 놓은 규정에 자신을 끼워 맞추려하고, 그게 잘 되지 않으면 낙담하고 좌절하게 됩니다. 사방에서 공격하는 적들에게 둘러싸인 느낌이 들기도 합니다.

'남들이 뭐라 하든 나는 괜찮은 사람이야.'

자신을 믿는 것만으로도 세상이 달라집니다. 자존감은 자신을 존중하고 신뢰하는 마음입니다. 자존감이 높아지면 스스로 묶어 놓은 손을 풀 용기가 생깁니다. 자유로워지면 타인도 자신도 더 사랑할 수 있고 더 수용할 수 있습니다.

트라우마와
마주서는 힘,
용기

내면에 쌓인 문제가 많고, 왜곡된 인식으로 인해 대인 관계를 망친 경험이 있으면, 마음속에는 또 다시 타인으로부터 상처를 받을까 하는 두려움이 자리를 잡는다. 그런 경험이 계속해서 쌓이면 심리적으로 위축되고 회피, 분노, 우울 등의 기제가 나타나 이를 활용해 스스로를 보호하려고 든다. 이러한 과정은 '트라우마'라는 용어로 쉽게 설명할 수 있다.

트라우마trauma란 정신적 외상, 영구적인 정신 장애를 남기는 충격을 말한다. 사랑하는 사람의 사망이나 교통사고처럼 대단한 사건에 의해서 발생하기도 하지만 물에 빠진 경험이나 친구에게 놀림을 당한 일 등 누구에게나 일어날 법한 소소한 사건이 트라우마로 기억되는 경우도 많다.

트라우마는 모든 사람을 대상으로 비합리적인 두려움과 불안을 갖게 한다. 그래서 마음을 열지 못하게 하는 기전으로 작용한다. 감당하기 힘든 감정의 홍수를 겪기 때문에 감정의 인식과 표현에 어려움이 생길 수도 있다. 두려움과 불안이 끊임없는 자기 비하로 이어지면 누구나 병적 외로움에 갇히게 된다.

애착장애가 생긴 사람은 사소한 갈등이나 상처에도 내면을 다치기 쉽다. 사랑을 충분히 받지 못한 내면은 단단하지 않기 때문에 아직 아물지 않은 상처가 계속 욱신거리며 통증을 일으킨다. 조그만 생채기가 생기는 것만으로도 견디는 힘을 잃어버린다. 때문에 어떤 시련을 받아 고통 속에 놓이면 이겨낼 만한 힘을 발휘하지 못하고 힘없이 무너지고 만다. 자존감은 땅에 떨어지고 태도는 매우 위축된다.

뭔가 나의 삶을 가로막고 있는 것 같고 때로 숨이 막히는 기분이 든다면 자신 안의 트라우마를 살펴보아야 한다. 트라우마는 마음의 건강을 잃게 만드는 대표적인 요인이다. 게다가 우리는 살면서 끊임없이 외부로부터 스트레스를 받는다. 가끔은 이를 인식하지 못할 때도 있고, 삶이 버겁다는 이유로 이를 들여다보기를 회피하기도 한다. 표면적 스트레스 그리고 그보다 깊숙한 곳에 자리한 트라우마와 대면할 용기가 필요하다.

상처에 새살이 돋는 것처럼 마음도 치유되어야 건강한 삶을 살 수 있다. 건강한 마음은 상처를 받아도 충분히 아파하면서 다시 회복될 수 있는 내면의 힘을 지니고 있다. 어려운 일이 닥쳤을 때 일시적으로 통증을 느끼고 자존감이 떨어질 수 있지만, 자신을 믿는 힘이 발휘되면 얼마간 시간이 흐른 후에는 이전의 건강한 상태로 돌아간다.

심각한 스트레스가 계속되는 상황에 놓여 있거나 극복하기 힘든 사건을 만나게 될 때 건강한 사람과 그렇지 않은 사람의 차이는 극명하게 드러난다. 스트레스가 우울지수를 높이고 불안을 키우기 때문에 애착장애가 있는 사람은 그 상황을 뚫고 나갈 힘이 적고 견디기도 매우 힘들어진다. 무의식적으로 애정을 갈구하는 욕구가 커져 있기 때문에 모든 에너지가 그곳으로 모인다. '누가 나를 싫어하면 어떡하나', '누가 나를 좋아해 줘야 할 텐데…'라는 생각이 자신도 모르게 머릿속을 채우기 때문에 스트레스가 쌓이는 것도 뒤늦게 알아차리고 대처도 늦다.

상처와 트라우마는 외면한다고 저절로 치유되지 않는다. 오히려 덧나서 커지고, 우울증까지 몰고 온다. 시간이 걸리더라도 치유가 필요하다. 트라우마를 대면할 용기를 발휘할 수 있다면 스스로의 사랑으로 자신을 치유하는 일도 어렵지 않게 시작할 수 있다.

완벽주의

**완벽한 부모
밑에서
못난이로
살아가는 것이
버거워요**

“야, 수정이가 한 필기 좀 봐! 나 좀 빌려가도 돼? 내가 나중에
밥 살게!”

“수정아, 이번 과제 좀 도와줄 수 있어? 난 수학이 너무 약
해서….”

“여전히 고등학생 때처럼 필통이 빵빵하네. 없는 펜이 없
어. 나 이거 좀 빌려줄 수 있어? 쓰고 바로 줄게.”

경영학부에 입학한 수정은 과에서 완벽주의자로 불렸다.
교수님의 말을 토씨 하나 틀리지 않게 필기했고 과제도 출석도
완벽하게 해냈다. 중간고사나 기말고사 기간이 되면 친구들은
부족한 필기를 채우기 위해 수정을 찾았다. 그럴 때면 수정도 잠

깐 으쓱한 기분이 들었다. 그러나 그 감정은 오래 가지 않았다.

2학년이 되자 친구들은 꼼꼼하게 일을 해내는 수정에게 과 대표를 시켰고 점점 해야 하는 일들이 많아졌다. 수정은 점점 지쳐갔다. 조금 느슨해지고 싶었지만 늘 완벽해야 된다는 강박 이 삶을 옥죄고 있었다. 피로감과 허무감이 밀려왔다.

'이 짓을 언제까지 해야 되지? 왜 난 뭐든지 완벽해야 되는 거야?'

3학년이 올라가고 대학교 신문 편집장까지 맡은 수정은 점 차 밤을 새는 일이 잦아졌다. 깜빡 졸다가 정신을 차리면 "뭐 하 나 제대로 하는 게 없지!" 하는 엄마의 말이 회초리처럼 등짝을 때렸다. 엄마의 심한 말들을 들을 때마다 수정의 마음에는 생채 기가 하나씩 늘었다.

●

수정의 엄마는 완벽주의자였다. 말 그대로 자신의 딸도 완 벽주의자이길 바랐다. 더 이상 그럴 수 없을 만큼 살림에 꼼꼼 했던 엄마의 눈에 비친 딸은 늘 모자라고 부족한 자식이었다.

"여기 필기한 게 없잖아! 교수님이 이때 뭐라고 하셨어?"

"어제 밤을 새서요. 깜짝 졸았나 봐요."

"뭐? 졸았다고?"

대학생이 되고 성년이 된 딸에게 엄마는 호랑이처럼 소리를 질렀다. 수정은 마비된 사람처럼 꼼짝 앉고 벌벌 떨리는 손을 맞잡았다.

"한심하다, 한심해. 교수님 말씀하시는데 졸기나 하고. 여기서 시험문제 나오면 어떡할 거야? 다른 애들 다 맞는데 너만 틀리겠지?"

엄마는 마지막에 꼭 이 말을 붙였다.

"네가 그렇지 뭐."

언제 시작됐는지 모르는 엄마의 푸념은 수정의 인생을 휘감고 있었다. 수정은 고개를 푹 숙였다.

●

어릴 적부터 수정은 엄마의 인정과 사랑을 받기 위해 완벽해야 했다. 필기도 완벽, 노트 정리도 완벽, 복습과 예습도 완벽, 옷차림도 완벽해야 했다.

"그건 또 뭐야? 옷에 뭐 흘렸잖아. 칠칠맞지 못하게 그게 뭐니?"

"오늘 숙제는 다 했어? 또 몇 개 빼먹은 거 아니야? 다시 제대로 확인해 봐!"

"또 필기 빼먹었네! 예진이한테 너 오늘 수업 태도 어땠는지 물어볼까? 아니면 선생님한테 전화해볼까?"

"네가 그러면 그렇지 뭐."

학창시절 형형색색으로 노트 정리를 하느라 수정은 새벽 2~3시까지 뜬 눈으로 있어야 했다. 나이가 더 많아질수록 엄마는 "더", "더", "'더 완벽하게"를 외쳤다. 재밌는 소설책을 볼 때도 한 글자도 놓쳐서는 안 됐다. 등장인물의 이름을 다시 찾기 위해 몇 번이나 책을 앞으로 넘기기도 했다. 완벽하지 않은 옷차림과 완벽하지 않은 교과서 정리는 있을 수 없는 일이었다. 그럼에도 수정이 생각한 자신은 완벽한 부모 밑에서 자라는 못난이였다.

⬤

대학교 3학년을 간신히 마친 수정은 결국 휴학을 결정했다. 주변 사람들에게 자신의 망가진 모습을 들키기 전에 뭔가 결단을 내려야겠다고 마음먹었다.

"뭐? 네 맘대로 휴학계를 냈다고? 누가 휴학하래? 다른 애들 다 제때 졸업해서 좋은 회사 가는데 넌 지금 집에서 놀겠다고?"

예상했던 대로 엄마는 불같이 화를 냈다.

"아니요…그게 아니라… 알바도 하고 여행도 좀 다녀오고…."

"여행 같은 소리하네. 다른 애들은 어학연수에 인턴에 얼마나 시간을 쪼개서 바쁘게 사는데 넌 한가하게 여행이나 간다고? 알바? 그거 해서 얼마나 번다고 여행을 가? 우리 집이 그럴 형편이니? 지금까지 엄마가 널 어떻게 키웠는데 이런 식으로 불효를 해? 누구 멋대로 휴학이야? 너 정말 한심하게 이럴래?"

엄마는 대학생활에 오점을 남겼다며 수정을 닦달했다. 그런 엄마를 보며 수정은 엄청난 불안을 느꼈다. 새삼 학업과 생활 방식 모두를 엄마에게 전적으로 의존하고 있는 현실이 답답했다.

●

"현재 상황에서 수정 씨가 가장 바라는 게 뭔가요?"

상담실에 앉은 수정은 온몸에 피가 빠져나간 사람처럼 창백했다. 하얀 얼굴에 새벽이슬 같은 눈물이 맺혔다.

"엄마 때문에 너무 힘들어요. 우리 엄마는 만족할 줄 몰라요. 제가 이렇게 마음에 병이 들어도 여전히 바라는 게 너무 많아요. 전 평생 엄마를 만족시킬 수 없을 거예요. 전 너무 나약하고 부족하고 형편없는 아이니까요."

엄마와 함께한 수정의 어린 시절은, 지켜야 할 의무와 해야 할 일들로 가득 채워져 있었다. 수정이 쏟아낸 이야기에서 엄마의 지독한 집착과 과도한 완벽주의가 그대로 드러났다. 수정은 부모가 시킨 것들을 완벽하게 해내야 손톱만큼의 작은 인정을 받을 수 있었다. 단 한 번도 "정말 잘했어, 어쩜 그렇게 열심히

하니? 네가 참 자랑스러워"라는 칭찬은 받은 적이 없었다. 고갯
짓 한 번이 온간 노력에 대한 포상이었다.

"완벽하지 않아도… 지금까지 잘 했다고, 그냥 그 한 마디
가 듣고 싶어요. 그거면 정말로 다 해결될 것 같아요. 제가 원하
는 건 그게 다예요… 근데 엄마는 절대 그런 말을 해주지 않을
거예요. 절대, 절대로….".

●

심리상담 전문가는 수정의 치유를 위해서 모녀 사이의 애
착 문제를 진지하게 들여다보았다. 우선 완벽하지 않아도 충분
히 사랑받을 자격이 있다는 것을 엄마와 수정 모두가 깨달아야
했다. 그러나 예상대로 수정의 엄마는 완고하고 독선적인 부분
이 많았다. 자신은 완벽하며, 아무런 문제가 없는 사람이라고
굳게 믿고 있었다. 심리적 저항은 견고하게 형성된 편견과 잘못
된 가치관에 뿌리를 두고 있었다.

상담실을 오가는 동안 수정은 엄마의 변하지 않는 모습을
보며 때때로 절망했다. 그러나 자신은 엄마처럼 살지 않겠다고
다짐했다. 엄마가 준 상처와 그 상처로 인해 생긴 강박증과 불
안을 치유하고 싶었다. 수정은 일기를 써가며 다짐했다.

"엄마가 변하지 않더라도 나는 꼭 변할 거야. 그리고 엄마
의 손아귀에서 벗어나 자유로워질 거야."

완벽하지 않아도
사랑받을
충분한 자격이 있습니다

심리치료에는 많은 역설이 존재합니다. 자신이 '문제투성이'라고 생각하는 사람이 '문제가 없다'고 생각하는 사람보다 더 빨리 치유되는 것 또한 역설이라고 할 수 있습니다.

"나는 아무 상처가 없어요"라고 말하는 사람이 어쩌면 가장 많은 상처를 갖고 있는 사람일 수 있습니다. 또한 자신에게 아무런 문제가 없다고 당당히 말하는 것만큼 위험한 것도 없습니다. 이런 사람은 자만과 오만에 쉽게 빠지고 다른 사람을 아래로 내려다보면서 거만한 태도를 보입니다. 반면 문제투성이인 자신을 혐오하고 때로는 혼란스럽더라도, 그것을 인식하고 받아들이면 치유는 쉽게 일어납니다.

수정 씨의 엄마는 비합리적인 신념을 가지고 자신과 자식을 괴롭히고 있습니다. 완벽주의를 추구하는 사람이 결혼을 하고 여유를 갖지 못해서 자식까지 불행하게 만드는 전형적인 사례라고 할 수 있습니다. 완벽해야 사랑받고 인정받는다는 잘못된 신념으로 수정 씨는 물론 본인마저 괴로움을 겪고 있습니다. 완벽주의자 부모 밑에서 아이들은 조금의 실수도 용납되지 않기 때문에 늘 긴장하고 불안을 느끼며 살아갈 수밖에 없습니다.

우리 모두는 부족한 사람입니다. 누구도 완벽할 수 없습니다. 그런데도 완벽하게 모든 것을 해내고 완벽한 사람이 되어야 한다고 계속 자신을 채찍질하면 곧 몸과 마음에 성한 곳이 남지 않게 될 것입니다. 살이 찢어지고 피투성이가 되어서 행복할 수 있는 사람은 없습니다.

수정 엄마의 완벽주의는 사실 애정결핍의 결정판이라고 할 수 있습니다. 사랑받기 위해 모든 에너지를 쏟아 완벽해지려고 하는 것이 완벽주의로 나타나는 것입니다. 수정 엄마에게도 채우지 못한 깊은 애정결핍이 있다고 추측해 볼 수 있습니다.

사소한 실수는 누구라도 할 수 있고, 쉽게 용서받아야 합니다. 완벽하지 않아도 실수를 해도 우리는 충분한 사랑을 받을 자격이 있습니다. 자신을 용납해주어야 다른 사람의 실수도 용서할 수 있는 품이 큰 사람이 됩니다. 완벽주의를 벗겨버려야 자유로워지고 행복해질 수 있습니다.

우리 모두는 홀로 행복해지거나 자유로울 수 없습니다. 관계 속에 얽혀 살기 때문에 나만 행복해질 수는 없습니다. 그러나 내가 먼저 행복해지고 자유로워져야 다른 사람의 행복과 자유도 보장해줄 수 있습니다. 나를 묶고 있는 쇠사슬이 많다고 느껴진다면, 하나씩 해결하면 됩니다. 급하게 다그칠 필요는 없습니다. 그 과정 속에서 인생이 풍요로워지고, 작은 것에도 감사할 수 있으며, 소소한 행복을 누리는 자유로운 삶을 살게 될 것입니다.

공감과 위로를
불러오는
치유적 대화법

다른 사람과 잘 소통하기 위해서는 상대의 마음이 다치지 않도록 하는 배려도 필요하다. 상대와 나의 마음을 여는 대화의 기술도 필요하다. 진심 어린 대화는 공감과 위로를 준다. '치유적 대화법'은 공감과 위로를 주면서 마음을 여는 일반화된 대화법이다. 구체적인 4가지 기법을 살펴보자.

첫 번째는 질문기법이다. 폐쇄형 질문이 아닌 열린 질문을 지향해야 한다. "엄마가 좋아? 아빠가 좋아?"는 대표적인 최악의 폐쇄형 질문이다. 이런 질문은 아이로 하여금 놀림받는 듯한 기분이 들게 하고, 혼란과 같은 부정적인 감정을 불러일으킨다. 누가 더 좋다고 해야 질문한 사람을 기쁘게 할지, 눈치도 보게 한다. 아이의 마음에는 긴장과 불안이 자라게 된다. 개방형 질문은 이러한 부정적 영향을 주지 않는다. "엄마의 어떤 점이 좋고 아빠의 어떤 점이 좋아?" 이런 질문은 아이가 마음껏 마음을 표현할 수 있게 한다. 대답을 듣는 쪽에서도 쉽게 공감할 수 있어 소통을 이어갈 수 있다.

두 번째는 'I메시지' 기법이다. 상대방이 싫을 때 "넌 정말 찌질해"라고 한다면, 이건 you메시지이다. I메시지는 "너의 그런 행동이 내 기분을 정말 상하게 해"라고 자신의 기분을 차분히 말하는 것이다. I메시지는 공격적이지 않고 대화로 문제를 해결해 나가겠다는 의지를 보여준다.

세 번째는 공감해주고 경청해주며 치유를 일으키는 방식이다. 다른 사람의 말을 깊이 이해하며 들어주는 것은 어려운 일이다. 하지만 귀찮다는 이유로 다른 사람에게 귀를 기울이지 않는다면 진심으로 상대를 이해하기 어렵다.

네 번째는 대화기법 중에서도 가장 쉬운 '미러링 기법'이다. 상대방의 이야기를 들으면서, 상대가 하는 말을 그대로 따라하면서 "너의 말은 그런 뜻이지?"라고 말한다. 미러링 기법은 상대에게 동의하고 공감하는 표현이다. 처음에는 진심이 담기지 않아 어려울 수 있지만, 듣는 사람의 입장에서는 이해받고 있다는 느낌을 줄 만큼 효과적인 방법이다.

덧붙여 치유적 대화법에는 '비언어적 표현'도 포함된다. 표정, 태도, 눈빛, 몸짓 등은 때때로 말보다 더 강력한 메신저가 된다. 특히 자녀들은 이러한 비언어적 표현에 큰 영향을 받는다. 자녀를 보는 표정이 무시무시하고 억압적이라면 아이는 신체적인 학대를 받는 것만큼이나 심한 정서적 학대를 받게 된다. 모멸감이 영혼을 짓이겨 놓기도 한다. 때문에 비언어적 표현에서도 사랑과 다정함, 친밀감을 전달하도록 해야 한다.

　사람들은 자신의 비언어적 특징들을 잘 의식하지 못하고 살아간다. 무표정이 대표적이다. 표정만으로 어떤 사람들은 당신을 오해하거나 상처를 입을 수도 있다. 자신은 무표정이라고 생각하는데도 누군가로부터 "왜 이렇게 어두워, 무슨 일 있어?"라는 질문을 받는다면 자신의 내면을 돌아볼 필요가 있다.

그와 그녀 그리고 당신에게
열렬한 박수를 보냅니다

앞서 13개의 사례를 통해 우리는 애정결핍이 열등감과 소심함, 불안과 분노, 집착, 외모에 대한 불만, 인간관계, 두려움, 불행감과 무기력, 적대감, 미성숙, 냉소와 폭력, 긴장과 아픔 그리고 완벽주의에 미치는 영향을 살펴보았습니다. 결핍 되거나 부족한 사랑이 이토록 삶의 많은 영역에 영향을 미치는 것은 새삼 놀라운 일은 아닙니다. 그러나 익숙하다고 그 사실을 모른 척해서는 안 됩니다. 세상으로부터 상처 입은 마음을, 익숙하고 편하다는 이유로 그냥 방치해선 절대 안 됩니다. 20년이든, 30년이든, 40년이든 시간이 흐른다고 해서 상처 입은 마음이 저절로 치유되지는 않기 때문입니다.

무언가 삶을 가로막고 있는 듯한 기분은, 때로 숨이 막힐 듯한 공황장애를 일으켜 우리를 괴롭히기도 합니다. 그런 고통을 결코 당연한 것으로 받아들여서는 안 됩니다. 용기를 내어

원인을 찾고 고통받는 마음을 건져주어야 합니다. 내 안에 있는 혐오감과 허무감, 결핍을 함께 견뎌준 나를 사랑과 관심으로 돌봐주어야 합니다. 그것이 모든 마음의 질병으로부터 자유로워질 수 있는 길입니다.

진정한 자유는 사랑에서 옵니다. 자신에 대한 사랑 없이 새로워질 나의 모습을 기대하지 마세요. 내일, 다음주, 내년이 된다고 해서 내가 새로워지는 것이 아닙니다. 사랑으로 스스로를 치유할 때만 충만하고 새로운 삶을 살아갈 수 있습니다. 근본적으로 우리 모두는 살아 있다는 사실만으로 이미 위대한 존재입니다. 애정결핍인 나를 회복시켜 줄 사랑도 분명히 내 안에 있습니다. 지금 이 순간, 바로 내 안에!

이 책과 함께한 순간이, 나의 뿌리를 파헤치고 애착의 깊은 골짜기를 돌아보며 현재의 힘겨운 문제들에 대한 해답을 찾는 치유의 시간이 되었기를 바랍니다. 그리하여 애착, 자존감, 사랑 충만, 우울 걷힌 자유 속으로 점점 더 기쁘게 걸어갈 수 있기를 바랍니다.

마지막으로 이 책의 소재가 되어 준 13명의 그와 그녀, 그리고 그들과 동행한 당신에게 열렬한 박수를 보냅니다. 다함없는 순수한 사랑이 전해지길 바랍니다. 우리는 사랑받기 위해 태어난 존재들입니다. 아낌없는 위로와 격려 속에서 빛나는 삶을 살아갈 권리가 당신에게 있음을 기억하세요.

내가 정말 미치도록 싫어질 때

초판 1쇄 인쇄 | 2018년 12월 17일
초판 1쇄 발행 | 2018년 12월 25일

지은이 | 강지윤
발행인 | 이원주

임프린트 대표 | 김경섭
편집진행 | 최진
기획편집팀 | 정은미 · 권지숙 · 송현경 · 정인경
디자인팀 | 정정은 · 김덕오
마케팅팀 | 윤주환 · 어윤지 · 이강희
제작팀 | 정웅래 · 김영훈

발행처 | 지식너머
출판등록 | 제2013-000128호

주소 | 서울특별시 서초구 사임당로 82
전화 | 편집 (02) 3487-2814 · 영업 (02) 3471-8043

ISBN 978-89-527-9529-8 03180